2023

全球能源分析与展望

国网能源研究院有限公司　编著

图书在版编目（CIP）数据

全球能源分析与展望 .2023 / 国网能源研究院有限公司编著 . — 北京：中国电力出版社，2024.3
ISBN 978-7-5198-8735-3

Ⅰ.①全… Ⅱ.①国… Ⅲ.①能源发展－研究报告－世界－ 2023 Ⅳ.① F416.2

中国国家版本馆 CIP 数据核字（2024）第 045282 号

出版发行：中国电力出版社
地　　址：北京市东城区北京站西街 19 号（邮政编码 100005）
网　　址：http://www.cepp.sgcc.com.cn
责任编辑：刘汝青（010-63412382）
责任校对：黄　蓓　郝军燕
装帧设计：张俊霞　永诚天地
责任印制：吴　迪

印　　刷：三河市万龙印装有限公司
版　　次：2024 年 3 月第一版
印　　次：2024 年 3 月北京第一次印刷
开　　本：889 毫米 ×1194 毫米　16 开本
印　　张：7.25
字　　数：170 千字
印　　数：0001—1800 册
定　　价：308.00 元

声　明

一、本报告著作权归国网能源研究院有限公司单独所有。如基于商业目的需要使用本报告中的信息（包括报告全部或部分内容），应经书面许可。

二、本报告中部分文字和数据采集于公开信息，相关权利为原著者所有，如对相关文献和信息的解读有不足、不妥或理解错误之处，敬请原著者随时指正。

序　言

经过一年来的艰辛探索和不懈努力，国网能源研究院有限公司（简称国网能源院）遵循智库本质规律，思想建院、理论强院，更加坚定地踏上建设世界一流高端智库的新征程。百年变局，复兴伟业，使能源安全成为须臾不可忽视的"国之大者"，能源智库需要给出思想进取的回应、理论进步的响应。因此，对已经形成的年度分析报告系列，谋划做出了一些创新的改变，力争让智库的价值贡献更有辨识度。

在 2023 年度分析报告的选题策划上，立足转型，把握大势，围绕碳达峰碳中和路径、新型能源体系、电力供需、电源发展、新能源发电、电力市场化改革等重点领域深化研究，围绕世界 500 强电力企业、能源电力企业数字化转型等特色领域深度解析。国网能源院以"真研究问题"的态度，努力"研究真问题"。我们的期望是真诚的，不求四平八稳地泛泛而谈，虽以一家之言，但求激发业界共同思考，在一些判断和结论上，一定有不成熟之处。对此，所有参与报告研究编写的研究者，没有对鲜明的看法做模糊圆滑的处理，我们对批评指正的期待同样是真诚的。

在我国能源发展面临严峻复杂内外部形势的关键时刻，国网能源院对"能源的饭碗必须端在自己手里"，充满刻骨铭心的忧患意识和前所未有的责任感，为中国能源事业当好思想先锋，是智库走出认知"舒适区"的勇敢担当。我们深知，"积力之所举，则无不胜也；众智之所为，则无不成也。"国网能源院愿与更多志同道合的有志之士，共同完成中国能源革命这份"国之大者"的答卷。

国网能源研究院有限公司

2023 年 12 月

前 言

　　《全球能源分析与展望》是国网能源院年度系列分析报告之一,自 2016 年以来,连续出版了 7 年,今年是第 8 年。每一版基本按照"现状分析、发展展望、专题研究"对上一年进行了梳理总结。显然,当这本报告在读者的手里时,曾经的 2022 年全球能源实际上已经"板上钉钉",回头看,多少有些陈述更多而研究价值太少,但又无可否认,和 2023 年已经掌握的情况结合,对 2024 年及今后更远的展望,又是不能有丝毫马虎的工作。鉴往知来,在这部著作里,将体现的更充分些。

　　本报告共分为 3 章。第 1 章为全球能源现状分析,总结 2022 年、预测 2023 年经济社会、能源电力及碳排放等主要指标的变化特点,并从 1980 年以来的长时间尺度评估能源电力转型的演变特征;第 2 章为全球能源发展展望,立足于当下全球能源转型现状,跟踪经济社会、成本价格、技术发展、能源政策等关键影响因素变化,设置情景分析,开展全球分品种、分部门、分地区能源发展展望;第 3 章为专题研究,主要聚焦热点地区、关键技术、重大议题等,开展深入分析。考虑到俄乌冲突对全球化石能源贸易的冲击以及发达国家推进清洁能源产业本土化的发展趋势,设置"全球能源政治经济格局深刻调整"专题;同时,鉴于全球气候变化加速演进、气象与能源电力深度耦合,设置"全球及我国气候变化:历史、现状及未来"专题。

　　受数据来源、统计口径、折算系数等因素影响,本报告能源统计与各国、国际机构统计会存在差异,能源展望情景的结果与实际情况也会有出入,这些并不影响整个分析过程的展开,以及希望给予读者的启发,而报告中存在疏漏与不足之处,希望同行切磋指正,恳请方家不吝赐教。

编著者

2023 年 12 月

目 录

3　专题研究　83

▍附录

▍参考文献　　　　　　　　　　　　　　　　　　　

▍致谢

概　述

2022 年，受新冠疫情、俄乌冲突、发达经济体货币紧缩等因素影响，全球经济及能源电力消费增势乏力，化石能源消费延续增长惯性，能源相关碳排放规模创历史新高。展望未来，碳达峰碳中和仍然是推动能源转型力度加大、速度加快的关键因素，全球气候治理博弈也将成为关键场景，故本报告设置了基准、净零承诺、2℃三个情景来研判。

（一）全球经济社会情况

2022 年全球经济增长大幅放缓。全球 GDP 总量达到 89.7 万亿美元（2015 年不变价），同比增长 3.1%，但受新冠疫情冲击下的劳动力市场紧缩、俄乌冲突造成的化石能源市场动荡、发达经济体大幅加息等因素影响，增速较上年下降 2.9 个百分点。主要经济体中，美国、欧盟、中国 GDP 分别同比增长 2.1%、3.5%、3.0%，增速较上年分别下降 3.8、2.0、5.4 个百分点。

从长周期看，亚太地区引领全球经济增长。1980—2022 年，全球 GDP 年均增长 3.0%，亚太占全球 GDP 的比重大幅上升 17.2 个百分点；欧洲、北美降幅分别为 12.6、2.1 个百分点，中国 GDP 年均增长 9.1%，高于全球平均水平 6.1 个百分点，占比从 1.6% 升至 18.2%，提高了 16.6 个百分点。

全球人口进入平稳增长期，增速呈现逐步下降态势。2022 年，全球总人口达到 79.5 亿，同比增长 0.8%，印度取代中国成为全球第一人口大国，印度、中国两国人口分别达到 14.2 亿、14.1 亿，单一国家人口超过欧洲与北美人口之和，占全球人口的比重均为 17.8%。从长周期看，1980—2022 年，全球总人口累计增长 80.2%，年均增长 1.4%。其中，1980—2020 年每十年年均增速依次为 1.8%、1.5%、1.3%、1.2%，2020—2022 年年均增速进一步下降至 0.8%。

发达国家与发展中国家人口增势两极分化。受人口老龄化、低出生率等因素影响，1980—2022 年，欧洲、北美地区占全球人口的比重持续下降，分别从 16.5%、7.2% 降至 10.1%、6.3%；中东、非洲人口比重明显上升，分别从 5.7%、10.6% 升至 8.8%、17.2%；中南美洲及亚太地区人口比重相对稳定，分别维持在 6.4% 左右、50% 以上。

（二）全球能源供需情况

全球能源消费连续两年实现正增长，消费量创历史新高。 2022 年，全球一次能源消费达到 213 亿吨标准煤，同比增长 1.1%，但受经济增长放缓、新冠疫情反复及俄乌冲突爆发等因素影响，增速较 2021 年下降 4.6 个百分点。从长周期看，1980—2022 年，全球一次能源消费总量总体稳步增长，累计增长 1.1 倍，年均增速 1.7%，发展中国家取代发达国家成为拉动全球一次能源消费增长的主要动力。

化石能源消费仍然占据主体，非化石能源消费比重突破 20%。 2022 年，全球化石能源占一次能源消费比重为 79.8%。其中，石油、煤炭、天然气占比依次为 30.1%、27.1%、22.6%，分别较 2021 年变化 0.6、−0.1、−1.0 个百分点，增速分别为 3.1%、0.7%、−3.2%；非化石能源消费比重持续上升，达到 20.2%，较 2021 年提高 0.5 个百分点。从长周期看，1980—2022 年，全球煤炭、石油、天然气、非化石能源占比分别变化 2.3、−13.0、5.5、5.2 个百分点。

（三）全球电力供需情况

全球电力消费稳步增长，终端电气化水平持续提升。 2022 年，全球电力消费为 27.2 万亿千瓦·时，同比增长 3.0%，高于终端能源消费增速 1.8 个百分点。其中，工业、居民生活、商业用电占终端用电总量的比重分别为 42.8%、27.0%、19.6%。全球电能占终端能源消费的比重为 21.0%，较 2021 年提高 0.4 个百分点。

全球发电装机保持较快增长，非水可再生能源发电量占比持续提升。 截至 2022 年底，全球发电装机容量为 84.5 亿千瓦，同比增长 4.3%。其中，非水可再生能源发电装机贡献全球新增装机的 78.2%，占总装机的比重升至 25.2%。2022 年，全球发电量为 28.0 万亿千瓦·时，同比增长 2.8%。其中，非水可再生能源发电量占比较上年提升 1.3 个百分点，达到 14.4%。

（四）全球碳排放情况

全球二氧化碳排放量创历史新高。 2022 年，全球能源相关碳排放为 369 亿吨。不利的天气和能源市场条件（尤其是天然气价格飙升），加剧了石油、煤炭需求复苏，造成碳排放上升。分地区看，中国、美国、欧盟能源相关碳排放分别为 115.1 亿、50.2 亿、27 亿吨，合计占全球的比重约 52.1%。

中国人均碳排放在主要国家中处于中等水平。 2022 年，加拿大、美国、澳大利亚、韩国、俄罗斯人均碳排放水平均超过 12 吨；中国为 8.15 吨，约为全球平均水平的 1.76 倍；南非、德国、意大利、英国为 4~7 吨；印度仅为 1.8 吨，约为全球平均水平的 38.8%。

中国累计二氧化碳排放量仅相当于美国 1993 年以前的累计排放量。 自 1751 年到 2022 年，全球累计二氧化碳排放量为 17729 亿吨，年均增长 2.1%。美国、欧盟累计二氧化碳排放量最高，分别达到 4269 亿吨和 2960 亿吨，合计占比达 40.8%。中国累计二氧化碳排放量为 2606 亿吨，占全球的 15%，仅为美国的 61%，相当于美国 1993 年以前的累计排放水平。

（五）全球碳中和进展

应对全球气候变化已迫在眉睫。 据世界气象组织统计，2022 年全球平均温度已较工业化前水平高出约 1.15℃，2023 年全球平均气温再次突破历史极值，较工业化前的基线上升约 1.4℃，2015－2023 年成为有仪器记录以来最暖的九年。

实现碳中和已逐步成为全球共识。 截至 2023 年底，全球已有 150 个主权国家制定了或计划制定碳中和目标，覆盖了全球 76.1% 的国家数量、92.8% 的经济体量、88.1% 的人口总量。细分类型看，各国减排目标的设定与其国情实际、发展阶段密切相关。

（六）主要情景设计

《全球能源分析与展望 2023》在研判经济社会、成本价格、技术发展、能源政策等因素变化的基础上，设置基准、净零承诺、2℃三个情景，面向 2060 年开展全球分品种、分部门、分地区能源展望：

■ **基准情景** 探索在当前政策力度和转型速度下全球能源供需的发展趋势及未来全球平均温升的变化态势。

■ **净零承诺情景** 假设各国自主贡献目标和净零排放承诺均按期兑现，探索各国净零雄心可实现的全球温升控制效果。

■ **2℃情景** 以全球剩余碳预算为主要约束，探索《巴黎协定》2℃温升控制目标倒逼下全球能源转型的可行路径。

（七）主要展望结果

全球一次能源需求增长逐步放缓。 在基准情景下，2060 年全球一次能源需求降至约 247 亿吨标准煤，较 2020 年增长约 23%；在净零承诺、2℃情景下，全球一次能源需求将于 2030 年前后进入峰值平台期，2060 年较 2020 年分别下降约 3%、10%。

全球终端能源需求达峰晚于一次能源需求。 在基准情景下，2060 年全球终端能源需求约 181 亿吨标准煤，较 2020 年增长约 30%；在净零承诺情景下，全球终端能源需求在 2040 年前后达峰，2060 年降至约 143 亿吨标准煤，与 2020 年基本持平；在 2℃情景下，全球终端能源需求在 2040 年前后达峰，2060 年降至约 123 亿吨标准煤，较 2020 年下降约 10%。

非化石能源由增量替代转向存量替代，终端用能电气化转型趋势显著。 在基准、净零承诺、2℃情景下，化石能源占全球一次能源需求的比重从 2020 年的约 80% 分别降至 2060 年的约 3/5、2/5、1/5，非化石能源占比持续提升；三种情景下，2060 年电能占终端能源需求的比重分别达到 41%、53%、62%。

（八）分品种能源供需展望

预计全球煤炭需求将于 2030 年前后达峰。 在基准情景下，全球煤炭需求在 2030 年前还会略有增加，2060 年较 2020 年下降约 35%。在净零承诺情景下，全球煤炭需求于 2025 年前达峰，之后持续下降，2060 年降至 2020 年的 15% 左右。在 2℃情景下，全球煤炭需求持续快速下降，2030 年较 2020 年下降约 10%，2060 年降至 2020 年的 3% 左右。分地区看，煤炭需求将进一步向亚太地区集中，受俄乌冲突引起的重启煤电影响，欧洲煤炭需求出现短期波动但中长期仍将保持下降趋势，北美洲除墨西哥外，美国、加拿大两国煤炭需求将持续下降。主要用煤大国中，当前中国、印度两国煤炭消费占全球的比重接近 70%，预计两国煤炭需求将分别于 2025−2030 年、2030−2035 年达峰。

煤炭供应格局将保持相对稳定，生产及贸易将在 2030 年前后达峰。 美国煤炭产量将持续下降，俄罗斯煤炭出口从东西并重向以东为主，印尼煤炭产量及出口增长潜力有限，澳大利亚仍有较大的出口潜力。中国通过推动煤炭消费比重稳步下降、煤炭产能维持在合理水平、进口渠道多元化保障本国煤炭安全；印度通过增加自产提升电煤自给率，但仍需加大进口炼焦煤；日本、韩国、德国等发达国家煤炭进口将延续波动下降趋势。

全球石油需求有望于 2030 年前后达峰。 在基准情景下，全球石油需求在 2040 年前后达峰，峰值规模较 2020 年高约 20%，2060 年与 2020 年基本持平。在净零承诺情景下，全球石油需求在 2030 年前后达到峰值，2060 年约为 2020 年的 60%。在 2℃情景下，全球石油需求在 2030 年较 2020 年增长约 6%，2060 年约为 2020 年的 40%。分地区看，中短期内全球石油需求将进一步向亚太地区集中，中长期中东、非洲占全球用油比重将有所上升。分行业看，石油的能源属性将逐步弱化，工业原材料价值持续增强。

全球石油供应格局将保持相对稳定，生产及贸易将在 2030 年前后进入峰值平台期。 石油输出国组织出口比重将稳步提升，预计全球石油供应增量的一半将由中东提供；非石油输出国组织中，预计美国出口量将于 2030 年前达峰后下降，俄罗斯石油出口量短期稳定、长期下降，巴西充分利用盐下油田资源，仍有较大增长潜力。

全球天然气需求有望于 2030－2035 年期间达峰。在基准情景下，全球天然气需求在 2035 年后进入峰值平台期，2050 年较 2020 年高约 10%，2060 年略低于 2020 年。在净零承诺情景下，全球天然气需求在 2030 年前后达到峰值，较 2020 年高约 15%，2060 年降至 2020 年的 70%。在 2℃情景下，全球天然气需求在 2030 年后快速下降，2060 年约为 2020 年的 30%。分地区看，全球天然气需求将进一步向亚太地区集中，欧洲天然气需求仍将延续波动下降趋势，美洲天然气需求 2030 年前达峰，中东及非洲地区用气将保持稳步增长态势；分行业看，拉动天然气需求增长的主要动力是工业和发电。

全球天然气供应格局将有所变化。俄乌冲突深刻影响全球天然气供应格局，挪威、阿尔及利亚的管道天然气产能增长潜力有限，美国通过大幅增加 LNG 出口，有望取代俄罗斯成为全球第一大天然气出口国，俄罗斯虽然加大对中国等国天然气出口，但受制于输气管道容量有限，难以完全抵消欧洲市场损失。

全球生物质能源的发展将呈现三个趋势特点。一是传统生物质能源逐步让位于其他能源品种；二是现代生物质能源具有较大的发展潜力；三是不同类型生物质能源品种发展前景差异显著。燃料乙醇具有一定的发展潜力，美国、巴西等国产量断档式领先；生物柴油具有较大的增长潜力，对于重型车辆、航运的减碳至关重要；可持续航空燃料已成为现阶段技术可实现、应用可推广的最有潜力减排措施。

全球氢能发展潜力巨大。主要国家中，氢能在能源体系中的战略地位已得到确认，预计其生产、传输及消费将实现三个转型：一是生产方式上，从以化石能源制氢为主转向可再生能源制氢；二是从运送方式上，从以道路交通为主转向管道、海运与道路多元化运输方式；三是从应用领域上，从以工业消费为主转向交通、工业及发电协同发展。

（九）分品种电源发展展望

全球发电装机大幅攀升，可再生能源发电逐步成为主力电源。在净零承诺情景下，2060 年全球发电装机增至约 410 亿千瓦，较 2020 年增长约 4.3 倍，可再生能源发电装机占比于 2060 年接近 90%，可再生能源发电量占比在 2035 年前超越 50%，2060 年接近 80%。

全球煤电装机将于 2030 年左右达峰，峰值约 24 亿~25 亿千瓦。北美、欧洲等地区煤电装机将进入快速下行区间，亚太地区仍有一定增量空间。现有煤电机组将通过技术改造由电量主体转变为近零脱碳机组、灵活调节机组和应急备用机组，促进实现电力保供和新能源消纳。

全球油电装机将持续下降。欧美及亚太燃油发电将保持"只减不增"的态势，日韩等能源资源稀缺国家将保留少量燃油发电装机作为应急备用电源；随着用能条件的改善，非洲、中南美洲燃油发电将逐步"止升回跌"，中东地区燃油发电仍将保持一定的装机规模。在净零承诺情景下，预计 2060 年全球燃油发电装机约 3200 万千瓦，不足当前水平的 10%。

全球燃气发电仍有较大增长潜力。 燃气发电在所有化石能源发电中具有最大的增长潜力，定位逐步转向保障供应和灵活调峰。亚太地区引领全球气电装机增长。在净零承诺情景下，预计 2060 年全球燃气发电装机将达到约 26 亿千瓦。

全球水电发展将呈现三个突出特点。 一是开发潜力不断兑现，装机规模持续增长，其中亚太增长容量大、非洲增长潜力足，在净零承诺情景下，2060 年全球水电装机增至约 23 亿千瓦，较 2020 年增长约 2/3；二是为实现新能源消纳与电力系统调节需求，水电开发逐步呈现常规水电与抽水蓄能电站并重的态势；三是小水电将在助力实现零碳目标、改善欠发达地区用能品质等方面发挥重要作用。

全球核电装机规模将稳步增长。 核电作为提供稳定电力、零碳电量的清洁能源之一，对于确保电力保供、电力减碳至关重要。在净零承诺情景下，2060 年全球核电装机增至约 10 亿千瓦，主要得益于发展中国家核电装机持续增长。

风电、太阳能发电将成为全球的主体电源。 在净零承诺情景下，2060 年全球风电装机规模约 100 亿千瓦，约占 2060 年全球总装机的 1/4；太阳能发电装机规模约 250 亿千瓦，约占 2060 年全球总装机的 3/5。

（十）专题研究

全球能源政治经济格局深刻调整。 全球能源政治经济格局处于新的调整期，呈现出能源供应偏紧、能源贸易格局调整、能源地缘政治博弈加剧等特点，在此复杂外部环境下，我国应保持能源高质量发展的战略定力。建议：一是加快新能源产业发展，并积极寻求与美欧在新能源领域的合作点；二是加快构建自主可控的油气供应体系，形成多元化油气进口新格局，高质量保障实体经济对油气消费增长的刚性需求；三是发挥世界能源大国作用，积极参与全球能源治理，维护全球能源市场安全稳定。

全球气候变暖加剧，极端天气事件的频率和强度日益增加。 在全球气候变暖背景下，我国气候变化将呈现出整体变暖变湿、区域波动加剧、极端灾害事件增多的发展趋势。建议：一是加大力度控制化石能源消费，支撑"双碳"目标实现；二是强化气候变化影响和风险评估，着力提高气候适应能力；三是持续加强应对气候变化国际合作，支持发展中国家提升应对气候变化能力。

（撰写人：冀星沛、刘之琳、许传龙　审核人：李江涛）

1

全球能源现状分析

1.1 经济社会

1.1.1 GDP

2022 年全球经济增长大幅放缓。 2022 年，全球 GDP 总量达到 89.7 万亿美元（2015 年不变价），同比增长 3.1%，但受新冠疫情冲击、俄乌冲突、发达经济体大幅加息及上年经济增长高基数等因素影响，增速比上年下降 2.9 个百分点。主要经济体中，美国、欧盟、中国 GDP 分别同比增长 2.1%、3.5%、3.0%，增速比上年分别下降 3.8、

2.0、5.4 个百分点。**从长周期看，全球经济实现稳步增长。** 1980－2022 年，全球 GDP 年均增长 3.0%。2023 年，新冠疫情长期影响尚存、地缘政治冲突持续、多国高通胀延续，全球经济呈现弱复苏的态势，预计全年 GDP 同比增长 3.0%，与上年基本持平。

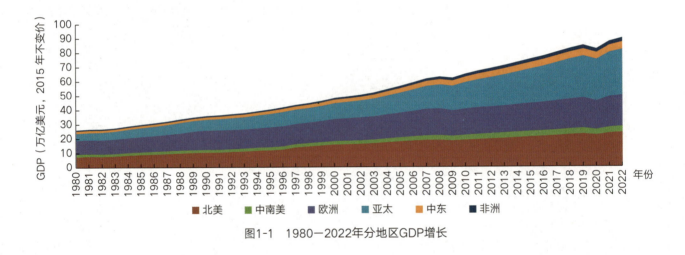

图1-1　1980－2022年分地区GDP增长

分区域看，亚太地区引领全球经济增长，占全球 GDP 的比重超过 1/3，中国持续成为全球经济增长重要引擎。 2022 年，亚太、欧洲、北美 GDP 同比分别增长 3.4%、3.2%、2.2%，占全球的比重分别为 35.4%、24.3%、26.7%，合计达到 86.4%，对全球经济增长的贡献率分别为 38.6%、25.1%、19.3%。其中，中国、美国、印度对全球经济增长的贡献率排名前三，依次为 17.7%、15.8%、7.2%。**从长周期看，** 1980－

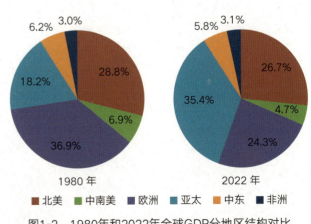

图1-2　1980年和2022年全球GDP分地区结构对比

2022 年，亚太、非洲占全球 GDP 的比重上升，增幅分别为 17.2、0.1 个百分点；欧洲、北美、中南美、中东占比下降，降幅分别为 12.6、2.1、2.2、0.4 个百分点。其中，中国 GDP 年均增长 9.1%，高于全球平均水平 6.1 个百分点，对全球经济增长的贡献率达到 25.1%，占全球的比重从 1.6% 升至 18.2%，提高了 16.6 个百分点。

1.1.2　人口

全球人口增速逐步下降，发达国家与发展中国家人口增势两极分化。 2022 年，全球总人口达到 79.5 亿，同比增长 0.8%。**从长周期看，** 1980—2022 年，全球总人口累计增长 80.2%，年均增长 1.4%。其中，1980—2020 年每十年年均增速依次为 1.8%、1.5%、1.3%、1.2%，2020—2022 年年均增速进一步下降至 0.8%。同期，OECD 国家人口增长缓慢，年均增速分别为 0.7%、0.7%、0.6%、0.5%、0.2%，非 OECD 国家人口年均增速分别为 2.0%、1.7%、1.4%、1.3%、0.9%，快于 OECD 国家 0.8 个百分点左右。预计 2023 年全球人口将超过 80 亿。

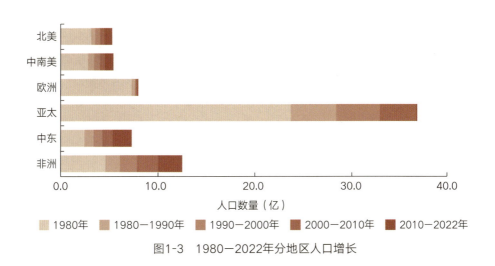

图1-3　1980—2022年分地区人口增长

分区域看，2022 年欧洲人口负增长，非洲人口增长最快。 2022 年，非洲人口同比增长 2.3%，增速位居各地区首位；中东、中南美、北美、亚太人口增速次之，同比分别增长 1.6%、0.60%、0.56%、0.47%；欧洲连续两年人口负增长，同比下降 0.5%，增速比上年下降 0.4 个百分点。**从长周期看，** 1980—2022 年，非洲、中东、中南美、亚太、北美、欧洲人口年均增速分别为 2.6%、2.4%、1.4%、1.3%、1.1%、0.2%。其中，中东、非洲人口占全球的比重明显上升，分别从 5.7%、10.6% 升至 8.8%、17.2%；中南美、北美、亚太

人口比重小幅下降，分别从 6.5%、7.2%、53.5% 降至 6.4%、6.3%、51.2%；欧洲人口比重大幅降低，从 16.5% 降至 10.1%。

分国家看，中国、印度两国人口合计超过全球的 1/3。 2022 年，印度取代中国成为全球第一人口大国，印度、中国两国人口分别达到 14.2 亿、14.1 亿，单一国家人口超过欧洲与北美人口之和，占全球人口的比重均为 17.8%，合计达到 35.6%。**从长周期看，** 1980—2022 年，中国、印度人口年均增速分别为 0.9%、1.7%，占全球人口的比重分别变化 -4.3、2.1 个百分点。

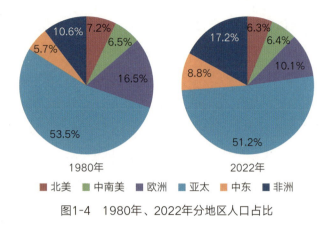

图1-4　1980年、2022年分地区人口占比

■北美　■中南美　■欧洲　■亚太　■中东　■非洲

1.1.3　人均GDP

2022年全球人均GDP稳步增长。 2022年，全球人均GDP达到1.1万美元（2015年不变价），同比增长2.3%，增速比上年下降2.9个百分点。**从长周期看，** 1980—2022年，全球人均GDP由0.6万美元增至1.1万美元，累计增长86.4%，年均增长1.5%。

分区域看，全球经济发展不平衡现象极其突出，美欧地区人均GDP显著领先其他区域。 2022年，按照由高到低顺序，各区域人均GDP排名依次为北美、欧洲、中南美、亚太、中东、非洲，分别为4.8万、2.7万、0.82万、0.78万、0.7万、0.2万美元。**从长周期看，** 1980—2022年，北美、欧洲人均GDP年均皆增长1.7%，期间受2008年国际金融危机影响短暂明显下行，之后企稳回升；亚太人均GDP基数低、增长快，年均增速（3.3%）为全球平均水平的1倍以上；中东、非洲、中南美人均GDP呈现基数低、增长慢的特征，年均增速仅为0.4%、0.5%、0.6%，增速显著低于全球平均水平。

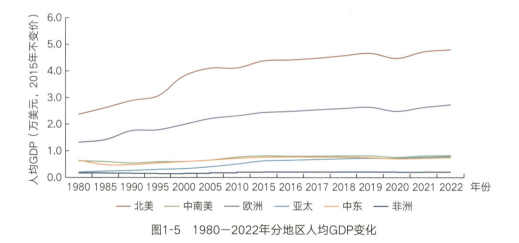

图1-5　1980—2022年分地区人均GDP变化

分国家看，中国人均GDP超过全球平均水平，印度不足全球平均水平的1/5。2022年，中国人均GDP为1.2万美元，与全球平均水平基本持平，但仅为OECD国家平均水平（4.2万美元）的27.5%；印度人均GDP仅为0.2万美元，约为全球平均水平的18.2%。从长周期看，1980—2022年，中国人均GDP增长5倍，年均增速为8.1%；印度人均GDP增长1倍，年均增速为4.1%。

图1-6　2022年主要国家❶人均GDP（由大到小排序）

（本节撰写人：刘之琳　审核人：王向）

---

❶ 在现状分析部分，主要国家包括美国、加拿大、墨西哥、巴西、阿根廷、英国、法国、德国、意大利、西班牙、俄罗斯、澳大利亚、中国、印度、日本、韩国、印尼、埃及、南非等。

1.2　能源消费

1.2.1　一次能源

（一）分地区

全球能源消费连续两年实现正增长，消费量[1]创历史新高。2021 年，世界多个国家和地区出现了能源电力短缺的局面，2022 年初爆发的俄乌冲突扰乱全球能源市场，使得全球能源供需紧张形势进一步加剧，全球一次能源消费量为 213 亿吨标准煤，同比增长 1.1%，增速比上年下降 4.6 个百分点，低于多年平均。**从长周期看，**1980—2022 年，全球一次能源消费总量总体稳步增长，累计增长 1.1 倍，年均增长 1.7%。预计 2023 年全球一次能源消费增长 2% 左右。

分区域看，受俄乌冲突影响，2022 年欧洲能源消费增长"由正转负"。2022 年，按照增速排序，中东、中南美、北美、亚太、非洲、欧洲一次能源消费同比分别增长 4.3%、4.1%、3.1%、2.0%、0.3%、–3.8%。其中，亚太一次能源消费量居首，达 96 亿吨标准煤，占全球一次能源消费的比重为 45.2%；欧洲、北美一次能源消费量次之，占比分别为 18.8%、18.0%；非洲、中东、中南美一次能源消费量较少，占比分别为 5.7%、5.6%、4.5%。**从长周期看，**1980—2022 年，亚太是拉动全球能源消费增长的主要地区，年均增长 3.6%，对全球一次能源消费增长的贡献率达到 67.6%；中东、北美、非洲及中南美次之，年均分别增长 4.9%、0.6%、2.8%、2.0%，对全球一次能源消费增长的贡献率分别为 9.4%、7.7%、7.5%、5.0%；欧洲能源消费缓慢增长，年均增速为 0.1%，对全球一次能源消费增长的贡献率仅为 1.0%。

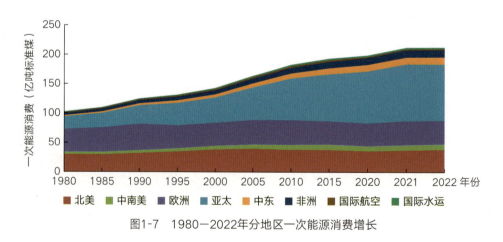

图1-7　1980—2022年分地区一次能源消费增长

---

[1] 本报告借鉴国际能源署（IEA）统计方法，以电热当量法为基础并考虑一定系数折算非化石能源发电的一次能源消费量，不同于国内通常采用的发电煤耗法。

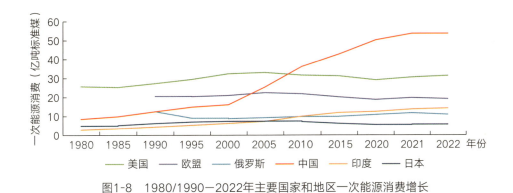

图1-8 1980/1990−2022年主要国家和地区一次能源消费增长

分国家看，中国、美国、欧盟一次能源消费量分居前三，印度能源消费比重大幅上升。2022年，中国、美国、欧盟一次能源消费量分别达到53.9亿、31.4亿、19.1亿吨标准煤，占全球能源消费的比重分别为25.3%、14.7%、9.0%，合计达到49.0%，中国一次能源消费量已超过美国与欧盟之和。从长周期看，1980−2022年，中国、印度、美国、欧盟❶一次能源消费量年均分别增长4.5%、3.9%、0.5%、−0.2%，对全球一次能源消费增长的贡献率分别达到41.1%、10.3%、5.1%、−1.3%，占比分别从8.3%、2.8%、25.1%、16.4%变化至25.3%、6.7%、14.7%、9.0%。

（二）人均能源消费

全球人均能源消费量有所回升。2022年，全球人均能源消费量为2.68吨标准煤，同比增长0.3%。从长周期看，1980−2022年，全球人均能源消费量累计增长15.8%，年均增长0.3%。

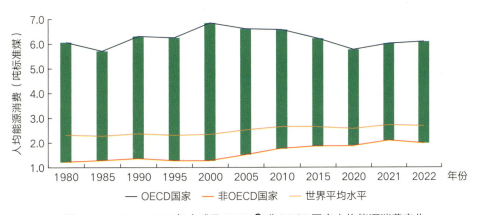

图1-9 1980−2022年全球及OECD❷/非OECD国家人均能源消费变化

分区域看，北美、欧洲人均能源消费水平大幅高于其他区域。2022年，北美、欧洲、亚太、中南美、中东、非洲人均能源消费量分别为7.68、

5.02、2.36、1.87、1.72、0.89吨标准煤，增速分别为2.5%、−3.4%、1.5%、3.5%、2.6%、−2.0%。从长周期看，1980−2022年，北美、欧

---

❶ 欧盟统计数据从1990年开始。

❷ OECD指经济合作与发展组织。

洲人均能源消费量年均分别下降 0.5%、0.1%；中东、亚太、中南美、非洲人均能源消费量年均分别增长 2.4%、2.3%、0.7%、0.2%。

分国家看，中国人均能源消费实现较快增长，但距离发达国家仍有较大差距。2022 年，美国、俄罗斯、日本、欧盟、印度人均能源消费量分别为 9.41、7.61、4.54、4.27、1.00 吨标准煤，同比

分别增长 2.3%、–8.3%、–0.1%、–3.7%、4.9%；中国人均能源消费量为 3.82 吨标准煤，仅为 OECD 国家平均水平的 62.6%，同比增长 0.9%。**从长周期看，**1980－2022 年，美国、欧盟[❶]人均能源消费量年均皆减少 0.4%，中国、印度人均能源消费年均增速为 3.6%、2.2%。

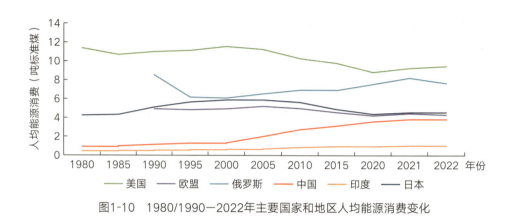

图1-10　1980/1990－2022年主要国家和地区人均能源消费变化

（三）分品种

能源消费结构持续调整，非化石能源消费比重突破 20%。2022 年，全球化石能源消费比重为 79.8%，同比下降 0.5 个百分点。其中，煤炭、石油、天然气占比分别为 27.1%、30.1%、22.6%，同比分别变化 –0.1、0.6、–1.0 个百分点。同期，非化石能源消费占比达到 20.2%，首次超过 20%。**从长周期看，**1980－2022 年，全球煤炭、石油、天然气、非化石能源占比分别变化 2.3、–13.0、5.5、5.2 个百分点。

全球煤炭消费持续增长。2022 年，全球煤炭消费量达到 57.7 亿吨标准煤，同比增长 0.7%。

分区域看，除亚太、中东煤炭消费正增长外（2.1%、2.8%），其他地区煤炭消费量均不同程度下降。**主要国家中，**中国、印度、欧盟煤炭消费量同比分别增长 1.0%、4.1%、2.0%，对全球煤炭消费增长的贡献率分别为 80.6%、61.7%、12.0%，美国、俄罗斯煤炭消费量同比分别减少 6.6%、7.0%，贡献率分别为 60.2%、32.1%。**从长周期看，**1980－2022 年，全球煤炭消费累计增长 126.7%，年均增速为 2.0%。其中，中国、印度煤炭消费年均增长 4.9%、5.6%，对全球煤炭消费增长的贡献率分别为 87.5%、17.5%。

---

❶　欧盟统计数据从 1990 年开始。

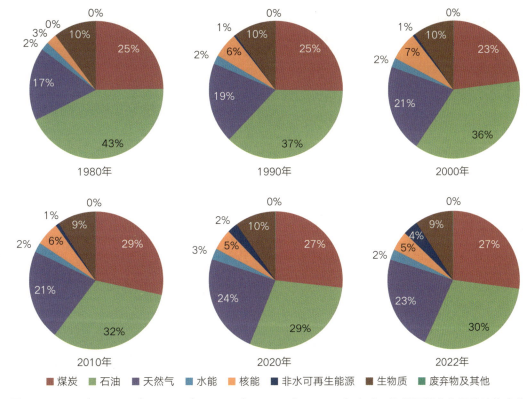

图1-11 1980年、1990年、2000年、2010年、2020年、2022年全球一次能源消费分品种结构变化

全球石油消费上升。欧美制裁导致俄罗斯石油供应下降，外输通道受阻，引发区域性供需失衡。2022年，全球石油消费量同比增长3.1%。分区域看，中东、中南美、非洲、北美洲、欧洲石油消费较快增长，增速分别为9.6%、6.0%、5.5%、4.8%、3.7%，亚太石油消费增长缓慢，增速仅为0.3%；主要国家中，中国石油消费量同比减少4.6%，美国、欧盟、印度、英国石油消费量分别增长2.7%、3.5%、8.6%、9.0%。**从长周期看，**1980—2022年，全球石油消费量累计增长44.7%，年均增速为0.9%。其中，中国、印度、韩国石油消费年均增长4.8%、4.9%、3.5%，对全球石油消费增长的贡献率位居前三，分别为40.2%、15.1%、6.2%。

全球天然气消费下降。受俄乌冲突引发的全球天然气市场大幅波动影响，2022年，全球天然气消费量较上年下降3.2%。分区域看，除北美正增长（5.9%）外，其他区域天然气消费量均不同程度下降，欧洲、中南美、非洲、亚太、中东天然气消费量同比分别减少12.9%、3.6%、3.5%、2.3%、0.2%；主要国家中，美国天然气消费量较快增长，增速为6.4%，中国、印度、英国、法国、俄罗斯、德国天然气消费量同比分别减少1.2%、6.7%、7.5%、11.0%、14.0%、15.8%。**从长周期看，**1980—2022年，全球天然气消费量累计增长174.1%，年均增速为2.4%。其中，美国、中国天然气消费年均增长1.1%、7.9%，对全球天然气消费增长的贡献率明显超过其他国家，分别为13.6%、13.2%。

非水可再生能源消费持续快速增长。2022年，全球非水可再生能源消费量延续快速增长态势，增速为31.0%。其中，中国继续领跑可再生能源发展，贡献全球可再生能源消费总量的32.9%。**从长周期看，**1980－2022年，全球可再生能源消费量增长32.3倍，年均增速达9.4%。其中，中国、美国对全球可再生能源消费增长的贡献率分别达33.7%、11.6%，显著领先其他国家。

（四）能源消费强度

全球能源消费强度稳步下降。2022年，全球能源消费强度为2.4吨标准煤/万美元，同比减少1.9%。**从长周期看，**1980－2022年，全球能源消费强度稳步下降，累计降幅达到39.1%，年均下降1.2%。

分区域看，欧洲、北美能源效率最高。2022年，欧洲、北美能源消费强度分别为1.8、1.6吨标准煤/万美元，明显优于其他地区；非洲能源消费强度为4.4吨标准煤/万美元，显著高于其他地区，但下降趋势明显。**从长周期看，**1980－2022年，非洲能源消费强度曾短暂上升，1995年后稳步下降，年均下降1.5%；亚太能源消费强度总体呈下行趋势，尤其是2005年以来，年均下降1.6%。

分国家看，中国、印度能源消费强度较高，但总体呈现下降趋势。2022年，中国、印度能源消费强度分别为3.3、4.8吨标准煤/万美元，分别是全球平均水平的1.4、2.0倍。**从长周期看，**1980－2022年，除中东、中南美地区外，全球其他地区能源消费强度均下降。得益于产业结构持续调整、能源技术水平稳步提高等因素，中国、印度能源消费强度相比1980年分别降低83.7%、54.3%，年均分别下降4.2%、1.8%，中国是主要经济体中能源消费强度下降最快的国家。

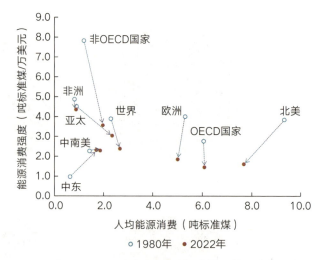

图1-12 1980年、2022年分地区能源消费强度及人均能源消费变化

1.2.2 终端能源

（一）分地区

全球终端能源消费稳步增长。2022年，全球终端能源消费量约为146亿吨标准煤，同比增长1.2%。**从长周期看，**1980－2022年，全球终端能源消费累计增长90.1%，年均增长1.5%。

分区域看，2022年，中东、中南美终端能源消费增速领跑全球各大地区。2022年，按照增速排序，中东、中南美、北美、亚太、非洲、欧洲终端能源消费同比分别增长4.4%、4.3%、3.2%、2.2%、0.5%、－3.6%。**从长周期看，**1980－2022年，亚太终端能源消费量年均增长3.1%，占全球的比重从22.2%提升至42.4%；北美、欧洲等终端能源消费量缓慢增长，年均增速分别为0.5%、0.0%，占全球的比重分别从28.5%、36.3%降至18.5%、19.4%。

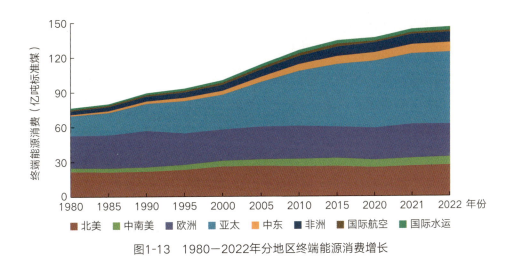

图1-13　1980—2022年分地区终端能源消费增长

分国家看，中国、印度终端能源消费合计接近全球的1/3。 2022年，中国、印度终端能源消费量分别达到33.5亿、9.6亿吨标准煤，同比分别上升1.1%、5.8%，合计占全球的29.6%左右。**从长周期看，** 1980—2022年，中国、印度终端能源消费量分别累计增长3.8、2.8倍，年均增速分别为3.8%、3.3%；美国、日本、欧盟终端能源消费缓慢增长，年均增速分别为0.5%、0.3%、0.0%；英国、俄罗斯负增长，年均分别下降0.2%、0.7%。

（二）分品种

石油占终端能源消费的比重最大，电力次之。 2022年，按照全球终端能源消费比重排序，依次为石油、电力、天然气、热力及其他、煤炭，占比分别为39.7%、21.0%、16.2%、13.7%、9.4%。**从长周期看，** 1980—2022年，煤炭、石油消费比重总体下降，2022年较1980年分别降低3.7、5.9个百分点；天然气、热力及其他消费比重稳定在15%~17%、14%~16%；电能占终端能源消费的比重大幅提升，从1980年的10.9%增至21.0%，提升10.1个百分点。

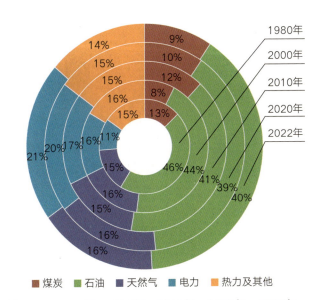

图1-14　1980年、2000年、2010年、2020年、2022年全球终端能源消费分品种结构变化

分区域看，中东、北美、欧洲终端能源消费以油气为主。 2022年，中东、北美、欧洲石油和天然气消费量合计占终端能源消费的比重分别为84.0%、71.6%、61.5%；亚太煤炭消费量占终端能源消费的比重达到18.4%，显著高于全球其他地区。**从长周期看，** 1980—2022年，中东、北美、欧洲、中南美油气消费量占比有所降低，亚太、非洲油气占比明显提高。

分国家看，南非、中国煤炭占终端能源消费的比重远高于其他国家。2022 年，全球煤炭终端消费量超过 13.7 亿吨标准煤，同比增长 5.1%。其中，亚洲地区发电用煤及工业用煤水平明显增长，推动全球煤炭消费量再创新高。南非、中国、印度煤炭占终端能源消费的比重分别达到 25.7%、24.1%、16.5%，显著高于世界平均水平。**从长周期看，**1980—2022 年，中国煤炭消费量占终端能源消费的比重持续下降，但始终高于全球平均水平。

（三）分部门

终端能源消费中工业用能占比最大。2022年，全球工业、交通、居民生活、商业用能占终端能源消费总量的比重分别为 30.1%、26.6%、21.6%、8.1%。**从长周期看，**1980—2022 年，全球工业、交通、居民生活、商业用能占终端能源消费总量的比重分别变化 −2.8、3.4、−2.1、0.3个百分点。

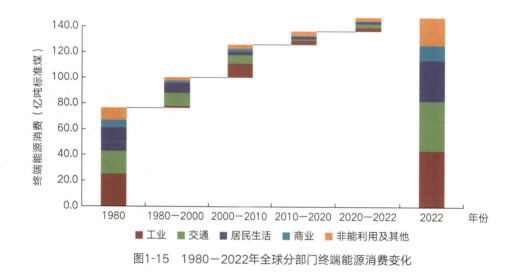

图1-15　1980—2022年全球分部门终端能源消费变化

（本节撰写人：刘之琳　审核人：王向）

1.3　能源供应

（一）分地区

全球能源生产量持续上升，受地缘政治冲突影响，全球油气供应格局进入深度调整期。2022年，全球一次能源生产总量约为 205.7 亿吨标准煤，同比增长 1.9%。1980—2022 年，全球一次能源生产总量增长 101.0%，年均增长 1.9%。欧美制裁导致俄罗斯国内石油天然气供应下降，外输渠道受阻，欧洲从全球其他地区寻找油气打破了市场平衡，全球石油天然气供应格局进入深度调整期。

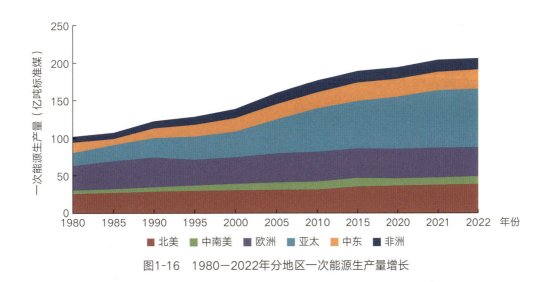

图1-16　1980—2022年分地区一次能源生产量增长

全球能源生产格局受到冲击，亚太能源生产总量小幅增长，占全球能源生产量总量的比重超 1/3。2022 年，亚太一次能源生产量约为 77.6 亿吨标准煤，占全球一次能源生产总量的比重为 37.7%；北美、欧洲能源生产量分别约为 38.5 亿、38.4 亿吨标准煤，占全球的比重分别为 18.7%、18.7%。1980—2022 年，亚太、北美、欧洲能源生产量占全球的比重分别变化 20.6、-6.7、-13.1 个百分点。

中国能源生产量持续增长，位居世界首位。2022 年，中国能源生产量达 46.4 亿吨标准煤，再创新高。1980—2022 年，中国一次能源生产量占全球的比重从 8.6% 增至 22.6%，对全球能源生产增长的贡献率达 36.4%。

（二）分品种

全球煤炭生产量较快增长。2022 年，受能源电力保供形势严峻影响，全球煤炭生产量达到 61.7 亿吨标准煤，同比增长 7.8%。**从长周期看，**1980—2022 年，全球煤炭生产量年均增长 2.1%，占一次能源生产总量的比重从 25.1% 增至 30.0%。**分区域看，**全球煤炭生产持续向亚太地区集中，亚太煤炭生产比重从 1980 年的 25.8% 提升至 2022 年的 78.1%，上升了 52.3 个百分点，欧洲、北美煤炭生产比重大幅下降，分别从

43.9%、26.1% 下降至 10.3%、7.3%。

全球石油生产量恢复性增长，总量仍低于新冠疫情前水平。2022 年，全球石油生产量达到 54.2 亿吨标准煤，同比增长 1.9%，较 2019 年下降 5.3%。**从长周期看，**1980－2022 年，全球石油生产量年均增长 0.5%，占一次能源生产总量的比重从 42.4% 降至 26.3%，仍为第一大能源生产品种。**分区域看，**全球石油生产格局相对稳定，中东保持为全球最大单一石油产地，占比保持在 30% 以上，北美、欧洲产量次之，占比分别为 23.2%、19.4%，较 1980 年分别变化 3.1、−4.7 个百分点，其他地区产量比重均小于 10%。

全球天然气生产量大幅下降。2022 年，受俄乌冲突影响，全球天然气生产量达 46.7 亿吨标准煤，同比减少 6.4%。**从长周期看，**1980－2022 年，全球天然气生产量年均增长 2.3%，占一次能源生产总量的比重从 17.3% 增至 22.7%，提高 5.4 个百分点。**分区域看，**中东、亚太天然气生产比重大幅提高，分别从 2.5%、4.8% 上升至 17.0%、16.7%；北美、欧洲天然气生产比重显著下降，分别从 43.5%、45.3% 下降至 30.9%、25.3%。

水能生产量占比维持在较低水平。2022 年，全球水能生产量达 5.3 亿吨标准煤，同比减少 0.2%。**从长周期看，**1980－2022 年，全球水能生产量年均增长 2.2%，占一次能源生产总量的比重始终在 3.0% 以下。**分区域看，**亚太、中南美水能生产比重大幅提高，分别从 15.4%、11.7% 上升至 44.3%、17.2%；北美、欧洲水能生产比重显著下降，分别从 31.8%、37.7% 下降至 16.1%、18.4%。

核能生产量占比同比下降。2022 年，全球核能生产量达 9.8 亿吨标准煤，同比减少 6.1%。**从长周期看，**1980－2022 年，全球核能生产量年均增长 3.2%，占一次能源生产总量的比重从 2.6% 增至 4.8%。**分区域看，**亚太核能生产比重大幅提高，从 13.7% 上升至 28.4%；北美、欧洲核能生产比重显著下降，分别从 43.0%、43.0% 下降至 35.0%、35.4%。

非水可再生能源生产量持续高速增长。2022

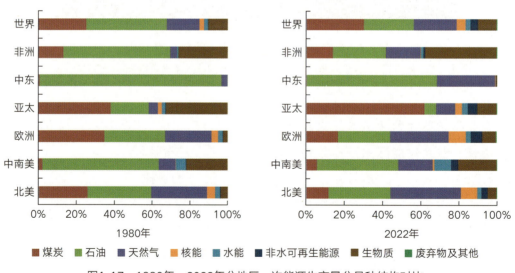

图1-17　1980年、2022年分地区一次能源生产量分品种结构对比

年，全球非水可再生能源生产量达 7.7 亿吨标准煤，同比增长 34.9%，增长主要来自亚太地区。**从长周期看，**1980—2022 年，全球非水可再生能源生产量年均增长 9.4%，占一次能源生产的比重从 0.2% 升至 3.7%，提高 3.5 个百分点，其中 2000—2022 年间提升 3.1 个百分点。**分区域看，**亚太、欧洲非水可再生能源生产比重大幅提高，分别从 28.9%、24.5% 上升至 50.6%、30.2%；北美非水可再生能源生产比重显著下降，从 43.2% 下降至 12.1%。

（三）对外依存度

亚太地区能源对外依存度最高。2022 年，亚太地区能源对外依存度为 19%，欧洲为 4%，北美、中南美、非洲、中东分别为 0%、-9%、-21%、-116%。其中，日本、韩国、意大利能源对外依存度较高，分别为 86%、80%、74%；中国能源对外依存度为 14%。

中东煤炭对外依存度最高，亚太石油、天然气对外依存度均最高。中东、亚太煤炭对外依存度分别为 69%、1%，其中日本、韩国煤炭对外依存度为 100%、99%，中国为 5%。北美、中南美、欧洲、亚太、中东、非洲石油对外依存度分别为 8%、-17%、5%、79%、-244%、-64%，其中中国石油对外依存度为 72%。北美、中南美、欧洲、亚太、中东、非洲天然气对外依存度分别为 -8%、7%、7%、27%、-26%、-55%，其中中国天然气对外依存度为 43%。

（本节撰写人：刘之琳　审核人：王向）

1.4 电力消费

1.4.1 用电量

（一）分地区

全球电力消费稳步增长，亚太用电增势领先其他区域，欧洲电力消费出现下降。2022年，全球电力消费为27.2万亿千瓦·时，同比增长3.0%。其中，亚太电力消费增长4.7%，处于领先地位，北美、中南美、中东、非洲电力消费分别增长2.4%、2.4%、2.7%、2.9%，受俄乌冲突影响，欧洲电力消费下降1.2%。预计2023年全球电力消费增长3.5%。**从长周期看，**1980—2022年，全球电力消费年均增长3.1%，其中，亚太电力消费年均增长5.9%，占全球电力消费的比重从16%增至51%；北美、欧洲电力消费年均增速分别为1.6%、1.0%，电力消费占全球的比重分别从34%、43%降至19%、19%；中南美、中东、非洲占全球电力消费的比重仍然较小，2022年合计占比为11%。

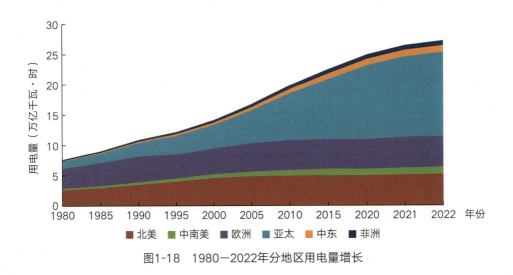

图1-18　1980—2022年分地区用电量增长

分国家看，中国、美国、印度电力消费规模位居全球前三，印度增长最为强劲，中国增速高于美国。2022年，中国、美国、印度电力消费分别达到8.7万亿、4.3万亿、1.5万亿千瓦·时，同比分别增长5.0%❶、2.7%、10.2%。**从长周期看，**1980—2022年，中国电力消费年均增长8.6%，对全球电力消费增长的贡献率达到42.8%，占比从3.6%提升至31.8%，美国、印度电力消费年均增长1.6%、6.7%，贡献率分别为10.4%、7.1%，占比分别从29.4%、1.3%变化至15.7%、5.4%。

---

❶　该数据来自 Globaldata，但根据中国国家统计局数据，2022年中国电力消费增速为3.6%。

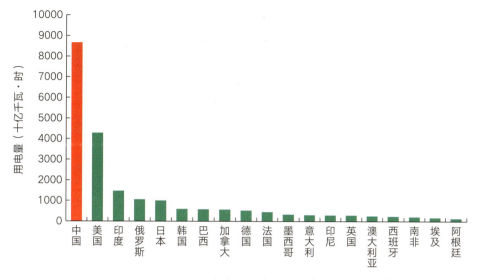

图1-19　2022年主要国家用电量（由大到小排序）

（二）分部门

全球分部门用电结构总体稳定，工业用电占终端用电量的比重最高。 2022年，全球工业用电占终端用电总量的比重为42.8%，同比上升0.2个百分点；居民生活用电占比为27.0%，与上年持平；商业及服务业用电占比为19.6%，同比下降0.5个百分点；交通用电占比维持在1.7%的较低水平。**从长周期看，** 1980—2022年，工业和交通用电占比分别下降8.1、0.6个百分点，居民生活、商业及服务业用电占比分别上升1.8、1.9个百分点。

分区域看，北美、中东居民生活用电占比最高，亚太工业用电占比最高。 2022年，北美居民生活、商业及服务业、工业用电占比分别为37.7%、31.5%、26.4%；中东居民生活用电占比高达40.9%，商业及服务业、工业用电占比分别为29.9%、23.4%；亚太工业用电占比为52.1%，居民生活、商业及服务业用电占比分别为20.3%、12.2%；欧洲居民生活、商业及服务业、工业用电占比分别为29.1%、25.3%、38.9%，非洲三者占比分别为36.3%、18.6%、37.0%，中南美三者占比分别为30.9%、24.5%、39.3%。

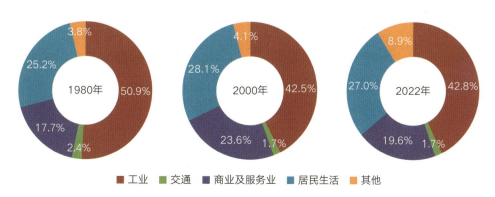

图1-20　1980年、2000年、2022年全球分部门用电结构变化

图1-21 2022年主要国家分部门用电结构（工业占比由大到小排序）

分国家看，美国工业用电占比略有回升，墨西哥工业用电占比首次超过中国。2022年，中国工业用电占总用电的比重为57.3%，同比下降1.2个百分点，1980—2022年工业用电占比下降20.4个百分点；墨西哥、南非、俄罗斯、印度工业用电占比分别为59.9%、51.9%、45.0%、44.9%，墨西哥工业用电占总用电的比重首次超过中国。发达国家中，韩国、意大利、德国工业用电占比处于较高水平，分别为51.1%、45.0%、

43.7%，较1980年分别下降18.3、13.8、7.2个百分点；美国工业用电占比仅为22.5%，同比增长0.7个百分点，较1980年下降14.3个百分点。

（三）人均用电量

全球人均用电量和人均生活用电量稳步增长。2022年，全球人均用电量3427千瓦·时，同比增长2.1%；全球人均生活用电量924千瓦·时，同比增长2.2%。1980—2022年，全球人均用电量、人均生活用电量年均分别增长1.7%、1.9%。

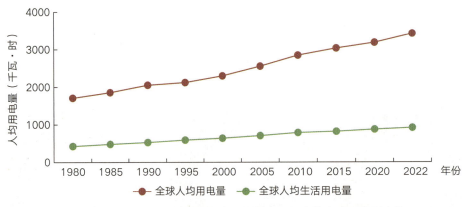

图1-22 1980—2022年全球人均用电量和人均生活用电量变化

分区域看，北美人均用电量继续领先，亚太地区保持较快增势。2022年，北美人均用电量为10389千瓦·时，同比增长1.8%；亚太人均用电量为3409千瓦·时，同比增长4.2%；

欧洲、中南美、中东、非洲人均用电量分别为6312、2302、1626、574千瓦·时，同比分别增长 −0.8%、1.8%、1.1%、0.6%。1980—2022年，各地区人均用电量均有所增长，亚太、中东增速最高，年均分别增长4.6%、4.1%，欧洲、北美年均增速较低，分别为0.8%、0.6%。2022年，

北美、中南美、欧洲、亚太、中东、非洲人均生活用电量分别为3913、712、1837、693、665、208千瓦·时，同比分别增长2.9%、2.7%、0.6%、4.0%、1.6%、1.1%。

分国家看，加拿大、美国人均用电量和人均生活用电量均大幅领先，中国保持较快增长。2022年，加拿大、美国、韩国人均用电量超过10000千瓦·时，同比分别增长 −0.4%、2.4%、1.9%；中国人均用电量为6141千瓦·时，约为世界平均水平的1.8倍，同比增长5.0%；印度人均用电量为1046千瓦·时，约为世界平均水平的31%，同比增长9.5%。2022年，美国、加拿大人均生活用电量分别达到5049、4956千瓦·时，同比分别增长3.6%、−0.2%；中国人均生活用电量为993千瓦·时，同比增长4.8%；印度人均生活用电量为264千瓦·时，同比增长9.0%。1980—2022年，中国人均用电量、人均生活用电量年均增速分别为7.6%、11.4%，在主要国家中增长最快。

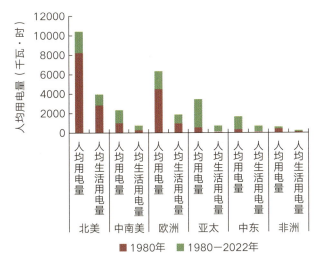

图1-23　1980—2022年分地区人均用电量及人均生活用电量

图1-24　2022年主要国家人均用电量及人均生活用电量

（四）电力消费强度

全球电力消费强度保持稳定。 2022 年，全球电力消费强度为 3036 千瓦·时 / 万美元，与上年基本持平。北美、中南美、欧洲、亚太、中东、非洲电力消费强度分别为 2168、2804、2315、4370、2185、2793 千瓦·时 / 万美元，其中北美、中南美、亚太分别增长 0.2%、0.6%、1.3%，欧洲、中东、非洲分别下降 4.3%、2.7%、1.1%。1980—2022 年，全球电力消费强度累计增长 5%，年均增速 0.1%，在 3000 千瓦·时 / 万美元上下小幅波动；北美、欧洲电力消费强度大幅下降，累计下降 37%、31%，年均分别下降 1.1%、0.9%；中东、中南美、亚太、非洲分别累计增长 366%、86%、72%、27%，年均分别增长 3.7%、1.5%、1.3%、0.6%；亚太地区 2010 年以来增长明显放缓，2010—2022 年期间累计增幅仅为 4.4%。

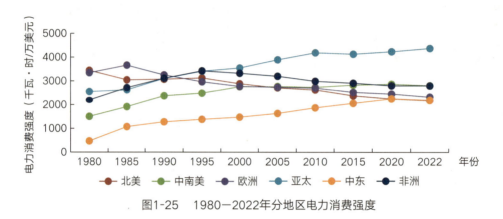

图1-25　1980—2022年分地区电力消费强度

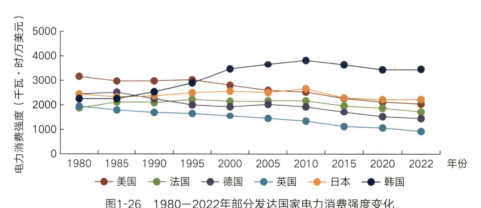

图1-26　1980—2022年部分发达国家电力消费强度变化

金砖国家电力消费强度高于多数发达国家。 2022 年，中国、俄罗斯、南非、印度、巴西的电力消费强度分别为 5312、7218、5940、5017、3074 千瓦·时 / 万美元；日本、美国、法国、英国电力消费强度分别为 2230、2045、1723、928 千瓦·时 / 万美元，远低于金砖国家。韩国电力消费强度为 3466 千瓦·时 / 万美元，高于巴西。1980—2022 年，巴西、韩国、印度电力消费强度分别累计上升 97%、54%、39%，年均分别增长 1.6%、1.0%、0.8%；英国、德国、美国降幅较大，分别累计下降 52%、41%、35%，年均分别下降 1.7%、1.2%、1.0%；中国电力消费强度累计下降 19%，年均下降 0.5%。

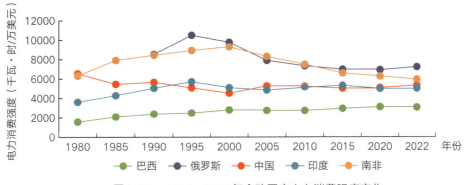

图1-27　1980—2022年金砖国家电力消费强度变化

1.4.2　电气化指标

（一）发电能源占一次能源消费的比重

全球发电能源占一次能源消费的比重总体平稳。2022年，全球发电能源占一次能源消费的比重为35.1%，同比上升0.1个百分点。分地区看，亚太发电能源占一次能源消费的比重居各地区之首，为40.1%，同比提高0.2个百分点；北美、欧洲发电能源占比分别为37.1%、30.9%，同比分别下降0.1、0.3个百分点；中东发电能源占比为33.7%，同比下降0.1个百分点；非洲发电能源占比为20.8%，与上年持平；中南美发电能源占比为29.7%，同比提高0.3个百分点。1980—2022年，全球发电能源占一次能源消费

的比重提高11.5个百分点，各地区发电能源占比均有所上升，其中亚太升幅最大，达21.2个百分点。

发达国家发电能源占一次能源消费的比重较高，中国超过部分发达国家水平。2022年，法国发电能源占一次能源消费的比重最高，为49.9%，同比下降0.4个百分点；南非、日本发电能源占比超过45%；中国发电能源占比为40.8%，同比提高0.3个百分点；俄罗斯、巴西发电能源占比较低，分别为22.2%、24.1%。1980—2022年，英国发电能源占比下降4.2个百分点，其他国家均有所上升，其中中国升幅超40个百分点。

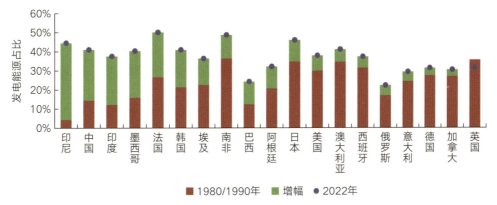

图1-28　1980/1990年、2022年主要国家发电能源占一次能源消费的比重

（二）电能占终端能源消费的比重

全球电能占终端能源消费的比重稳步提升，亚太终端电气化水平高、增长快。2022 年，全球电能占终端能源消费的比重为 21.0%，同比上升 0.4 个百分点。其中，亚太电能占终端能源消费的比重为 25.4%，同比上升 0.7 个百分点；北美、中南美电能占终端能源消费的比重分别为 22.2%、19.8%，同比均上升 0.3 个百分点；欧洲、中东电能占终端能源消费的比重分别为 18.8%、15.6%，与上年均基本持平；非洲电能占终端能源消费的比重仅 9.8%，同比提升 0.1 个百分点。1980－2022 年，全球电能占终端能源消费的比重提升 10.1 个百分点，其中亚太地区提升 17.3 个百分点，升幅最大。

发达国家电能占终端能源消费的比重普遍较高，中国在主要国家中仅低于日本。2022 年，日本电能占终端能源消费的比重达 30.4%，位居首位；中国电能占终端能源消费的比重为 29.1%，仅次于日本；韩国、法国、西班牙、加拿大、澳大利亚、美国、意大利、英国电能占终端能源消费的比重均超过 20%；俄罗斯、印度电能占终端能源消费的比重分别为 12.8%、16.2%。1980－2022 年，主要国家终端电能占比整体提升明显，中国升幅最大，达 24.8 个百分点。

图1-29　1980－2022年分地区电能占终端能源消费的比重变化

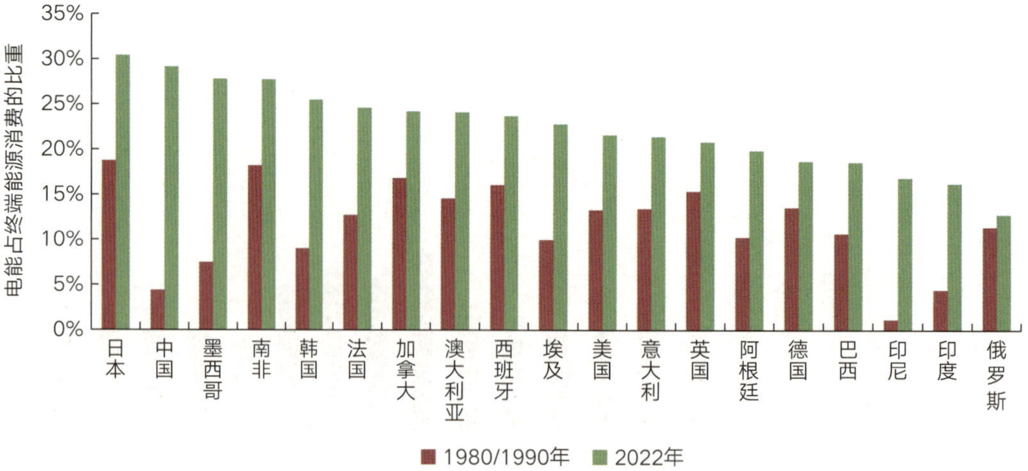

图1-30　1980/1990年、2022年主要国家电能占终端能源消费的比重

（本节撰写人：许传龙　审核人：刘小聪）

1.5　电力供应

1.5.1　发电装机

（一）分地区

全球发电装机保持较快增长，亚太贡献近七成新增发电装机。截至 2022 年底，全球发电装机容量达到 84.5 亿千瓦，同比增长 4.3%。其中，亚太为 41.6 亿千瓦，同比增长 5.8%，贡献了全球 66% 的新增装机；欧洲、北美分别为 16.9 亿、15.3 亿千瓦，同比分别增长 3.6%、1.4%，合计对全球新增装机贡献率约 23%。2000—2022 年，全球发电装机增长 1.4 倍，年均增长 4.1%。其中，亚太发电装机年均增长 6.7%，占比从 28.6% 升至 49.3%，对全球新增装机的贡献率为 64%；北美、欧洲发电装机年均分别增长 1.9%、2.1%，占全球的比重分别从 29.0%、30.7% 降至 18.1%、20.0%。

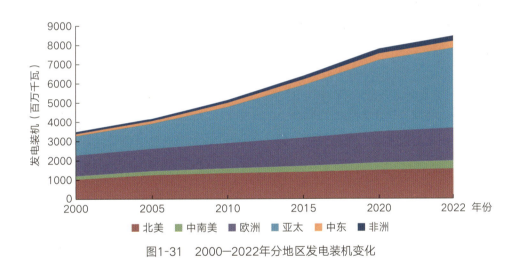

图1-31　2000—2022年分地区发电装机变化

中国对全球装机增量的贡献超五成。2022 年，中国发电装机容量达到 25.5 亿千瓦，同比增长 7.8%，贡献全球 53% 的新增装机；美国发电装机容量为 12.8 亿千瓦，同比增长 1.4%。2000—2022 年，中国发电装机容量增长 7 倍，年均增长 9.9%，贡献全球 45% 的新增装机；美国发电装机容量增长约 49%，年均增长 1.8%。

（二）分品种

化石能源发电装机规模缓慢增长，占总装机的比重持续下降。2022 年，全球煤电、气电装机分别为 21.8 亿、20.5 亿千瓦，同比分别增长 0.9%、2.3%；油电装机 3.3 亿千瓦，同比下降 0.8%；水电、核电装机分别为 13.9 亿、3.7 亿千瓦，同比分别增长 2.2%、1.1%。2000—2022 年，煤电、气电装机分别增长 97%、1.4 倍，油电装机下降 7.8%，化石能源发电合计占总装机的比重从 66% 降至 54%；水电、核电装机分别增长了 78.0%、6.0%，占比分别从 22.4%、10.0% 降至 16.5%、4.4%。

非水可再生能源发电继续成为新增电源主体，占总装机的比重超过 1/4。2022 年，风电、太阳能发电、生物质发电及其他装机分别为 9.0

亿、10.6 亿、1.7 亿千瓦，同比分别增长 8.9%、21.7%、5.3%，合计贡献新增装机的 78.2%。2000—2022 年，非水可再生能源发电装机占总装机的比重从 1.6% 升至 25.2%。

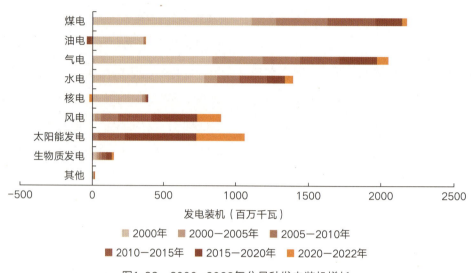

图1-32　2000—2022年分品种发电装机增长

分区域看，北美、非洲、中东气电占比较高，亚太煤电占比较高，中南美以水电、气电为主，欧洲以可再生能源发电和气电为主。2022 年，北美气电、煤电、非水可再生能源发电装机占比依次为 41.5%、15.1%、20.2%；中南美水电、非水可再生能源发电、气电装机占比依次为 44.5%、22.8%、18.9%；欧洲非水可再生能源发电装机占比为 31.9%，气电装机占比为 26.0%；亚太煤

电占比持续下降，但 2022 年仍高达 40.0%，非水可再生能源发电装机占比达到 27.5%；中东以气电为主，2022 年气电装机占比约 66.4%，燃油发电装机占比 23.8%，非水可再生能源发电装机占比仅 4.0%。非洲气电装机占比较高，达到 46.0%，煤电装机占比 19.9%，非水可再生能源发电装机占比 8.6%。

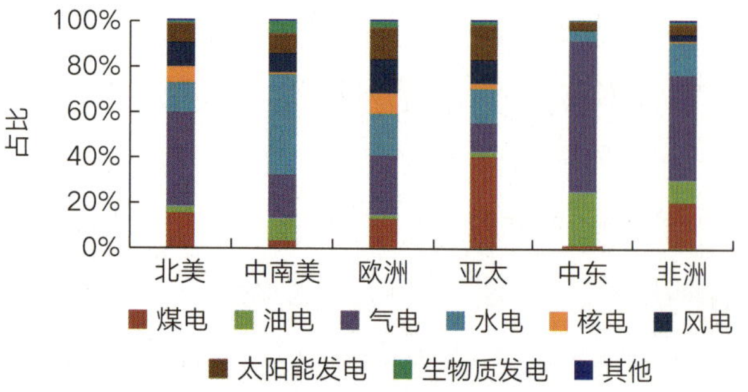

分国家看，中国非水可再生能源发电装机快速增长，煤电占比持续下降。2022 年，中国非水可再生能源发电装机占比同比提升 3.0 个百分点，达到 31.1%，与意大利、巴西、法国、日本等国处于同一梯队，分别低于德国、英国 30.8、17.3 个百分点，高于美国 10.1 个百分点。2022 年，中国煤电装机占比约为 44.4%，同比下降 2.6 个百分点，较 2000 年下降近 26.4 个百分点，但仍高于世界平均水平（25.8%）。

图1-33　2022年分地区分品种发电装机结构对比

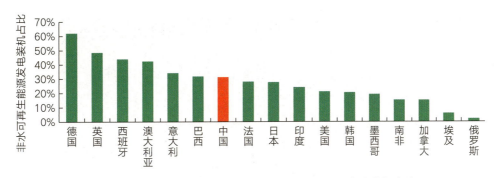

图1-34 2022年主要国家非水可再生能源发电装机占比

1.5.2 发电量

全球发电量稳步增长，非化石能源发电量贡献新增发电量的近六成。 2022年，全球发电量为28.0万亿千瓦·时，同比增长2.8%。其中，煤电、气电、水电、风电、太阳能发电量分别为9.8万亿、6.5万亿、4.5万亿、2.0万亿、1.3万亿千瓦·时，同比分别增长2.7%、1.1%、2.8%、10.3%、24.1%；核电发电量2.5万亿千瓦·时，同比下降6.3%。2000—2022年，煤电发电量增长76.5%，贡献新增发电量的31.7%；气电发电量增长1.5倍，贡献新增发电量的28.8%；非化石能源发电量增长1.1倍，贡献新增发电量的42.4%。

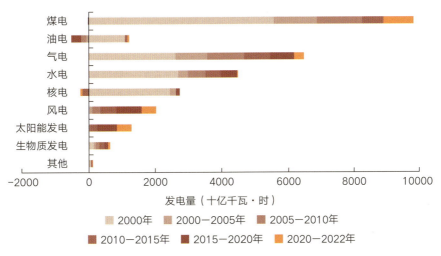

图1-35 2000—2022年全球分品种发电量变化

非水可再生能源发电量占比持续上升，气电、核电发电量占比下降。 2022年，煤电、油电发电量占比分别为35.0%、2.5%，与上年持平；气电发电量占比为23.1%，同比下降0.4个百分点；水电发电量占比为16.1%，同比持平；核电发电量占比为8.9%，同比下降0.8个百分点；风电、太阳能发电量占比分别为7.2%、4.6%，同比分别上升0.5、0.8个百分点。2000—2022年，煤电、油电、水电、核电发电量占比分别下降3.0、4.9、2.4、7.8个百分点；气电发电量占比上升5.2个百分点；非水可再生能源发电量占比为14.4%，提升12.8个百分点。

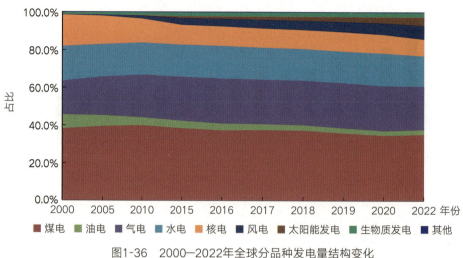

图1-36　2000—2022年全球分品种发电量结构变化

图例：煤电　油电　气电　水电　核电　风电　太阳能发电　生物质发电　其他

分国家看，德国、英国、西班牙非水可再生能源发电量占比在主要国家中处于领先，中国略高于世界平均水平。2022年，德国、英国、西班牙非水可再生能源发电量占比明显高于其他国家，分别达到41.9%、41.2%、37.4%。意大利、巴西、澳大利亚均超过20%，分别达到25.8%、24.8%、24.2%，处于第二梯队。中国非水可再生能源发电量占比为15.0%，较世界平均水平高出0.6个百分点。俄罗斯非水可再生能源发电量占比远低于其他主要国家，仅为0.6%。

图1-37　2000—2022年全球非水可再生能源发电装机及发电量占比

图例：发电装机占比　发电量占比

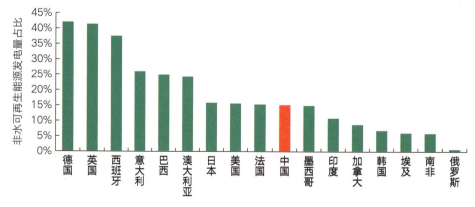

图1-38　2022年主要国家非水可再生能源发电量占比

（本节撰写人：许传龙　审核人：刘小聪）

1.6　碳排放

（一）分地区

全球碳排放持续升高，能源相关碳排放达到369亿吨。 2020年，受新冠疫情影响全球能源消费下降，全球能源相关二氧化碳排放量同比下降5.7%。2021年，随着经济刺激和新冠疫情管控，二氧化碳排放量反弹至新冠疫情前的水平，同比增长6.0%。2022年，全球能源相关碳排放为369亿吨，二氧化碳绝对增幅达到6.3亿吨，增速为1.7%。不利的天气和能源市场条件（尤其是天然气价格飙升），加剧了2022年石油、煤炭需求复苏。1980—2022年，全球能源相关碳排放累计增长10%，年均增长1.8%，达成《巴黎协定》既定目标难度巨大。

中东和亚太碳排放增幅最高。 2022年，中东能源相关碳排放达21.6亿吨，同比增长2.1%，占全球的比重达5.8%；亚太能源相关碳排放达190.6亿吨，同比增长2.5%，占全球的比重达51.6%；北美、欧洲能源相关碳排放分别为61.1亿、61.2亿吨，同比分别增长4.1%、-1.8%。1980—2022年，亚太能源相关碳排放增长4.8倍，占全球的比重提高32.9个百分点。

中国、美国、欧盟合计碳排放约占全球的一半以上。 2022年，中国、美国、欧盟能源相关碳排放分别为115.1亿、50.2亿、27亿吨，合计占全球的52.1%。1980—2022年，美国、日本碳排放年均分别增长0.2%、0.5%；中国、印度年均分别增长5.2%、5.6%。

图1-39　1980—2022年分地区能源相关碳排放变化

（二）人均碳排放

全球人均碳排放小幅增长。 2022年，全球人均二氧化碳排放达4.64吨，同比增长0.9%。1980—2022年，全球人均二氧化碳排放累计增长16.3%，年均增长0.4%。

各地区中北美人均碳排放最高。 2022年，北美、欧洲、亚太、中东、中南美、非洲人均二氧化碳排放分别为12.23、7.66、4.68、3.08、2.38、0.97吨。1980—2022年，北美、欧洲人均二氧化碳排放年均分别下降0.7%、0.7%；亚太、中东、中南美、非洲人均二氧化碳排放年均分别增长2.9%、2.3%、0.6%、0.3%。

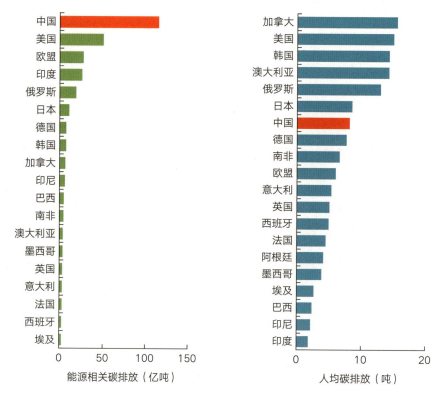

图1-40　2022年主要国家和地区二氧化碳排放总量及人均碳排放水平

中国人均碳排放在主要国家中处于中等水平。
2022年，加拿大、美国、澳大利亚、韩国、俄罗斯人均碳排放水平均超过12吨；中国处于中等水平，达到8.15吨，约为全球平均水平的1.76倍；南非、德国、意大利、英国均高于全球平均水平但低于中国，为4~7吨；印度仅为1.8吨，约为全球平均水平的38.8%。1980—2022年，美国、加拿大、英国、法国、德国等发达欧美国家人均碳排放年均增速为负，中国、印度、韩国、日本等亚洲国家人均碳排放年均增速为正。

（三）碳排放强度

全球二氧化碳排放强度小幅下降。2022年，全球二氧化碳排放强度为4.11吨/万美元，同比下降1.3%，碳排放与经济增长呈现脱钩趋势。1980—2022年，全球二氧化碳排放强度年均下降1.2%。

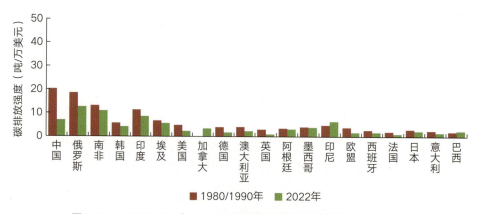

图1-41　1980/1990年、2022年主要国家和地区碳排放强度对比

亚太碳排放强度最高。 2022 年，亚太、非洲、中东、中南美、欧洲、北美二氧化碳排放强度分别为 6.0、4.7、4.1、2.9、2.8、2.6 吨 / 万美元，同比分别增长 -0.9%、-3.6%、5.1%、2.2%、-5.8%、1.9%。1980—2022 年，北美、欧洲碳排放强度持续下降，年均分别下降 2.3%、2.3%；非洲、亚太碳排放强度先升后降，年均分别下降 0.1%、0.3%；中东碳排放强度持续上升，年均增长 1.9%。

发展中国家碳排放强度普遍高于发达国家。 2022 年，加拿大、美国、日本、澳大利亚、德国、法国、英国碳排放强度分别为 3.47、2.39、2.37、2.36、1.79、1.15、1.04 吨 / 万美元；俄罗斯、南非、印度碳排放强度分别为 12.68、11、8.64 吨 / 万美元，远高于发达国家水平。1980—2022 年，加拿大、美国、澳大利亚、日本、德国、英国、法国碳排放强度分别下降 52.8%、63.1%、48.2%、38.4%、68.3%、75.2%、67.1%。2022 年，南非、印度较 1980 年分别下降 15.8%、11.2%，俄罗斯较 1990 年下降 32.0%。

中国碳排放强度在主要国家中处于较高水平。 2022 年，中国碳排放强度为 7.05 吨 / 万美元，分别是法国、英国、日本、美国的 6.1、6.8、3.0、2.9 倍，但比俄罗斯、南非分别低 44.4%、35.9%。1980—2022 年，中国碳排放强度下降 78.1%，在主要国家中降幅最大。

（四）累计碳排放

全球累计二氧化碳排放量持续提高，美国占全球的 24%，中国累计排放量仅相当于美国 1993 年以前的累计排放量[1]。 自 1751 年到 2022 年，全球累计二氧化碳排放量为 17729 亿吨，年均增长 21%。美国、欧盟最高，分别达到 4269 亿吨和 2960 亿吨，合计占比达 40.8%。中国累计排放量为 2606 亿吨，占全球的 15%，仅为美国的 61%，相当于美国 1993 年以前的累计排放水平。南非近年来累计碳排放量增速较快，但相对于人口规模，非洲的区域贡献仍较小。

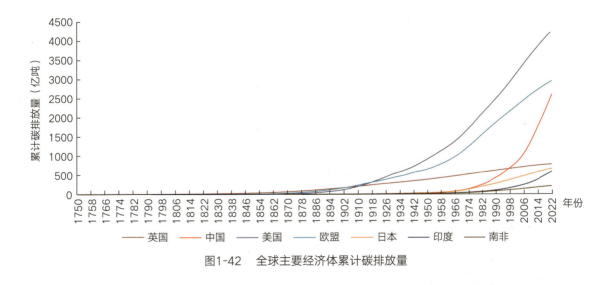

图1-42　全球主要经济体累计碳排放量

（本节撰写人：刘之琳　审核人：刘小聪）

---

[1] 数据来源：Our World in Data 数据库，碳排放相关数据统计截至 2022 年。

2

全球能源发展展望

当今世界，不稳定、不确定、难预料因素增加，不断冲击全球能源供应链产业链稳定，中东局势趋紧、俄乌冲突持续、全球通货膨胀高企为疫后经济复苏带来巨大挑战，能源保供、稳价与转型"三重压力"汇聚。《全球能源分析与展望 2023》在研判经济社会、成本价格、技术发展、能源政策等因素变化趋势的基础上，着重考虑各国自主贡献和已公布的净零承诺，设置了基准情景、净零承诺情景、2℃情景，面向 2060 年开展全球分品种、分部门、分地区能源展望。

2.1　全球碳中和进展

应对全球气候变化已迫在眉睫。 据世界气象组织统计，2022 年全球平均温度已较工业化前水平高出约 1.15℃，2023 年全球平均气温再次突破历史极值，较工业化前的基线上升约 1.4℃，2015—2023 年成为有仪器记录以来最暖的九年。

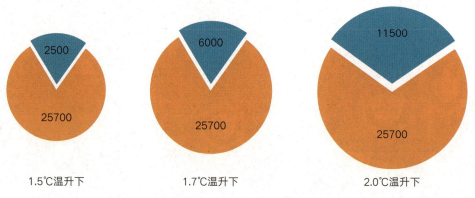

图2-1　不同温升情景下全球剩余碳预算情况（单位：亿吨）

全球剩余碳预算已难以支撑实现 1.5℃温控目标。 2023 年 9 月 8 日，联合国发布了《首次全球盘点》（Global Stocktake）报告，作为 COP28 与会各国的谈判基础。研究表明，现有全球集体气候行动不足以实现《巴黎协定》的温升限制目标，应加快能源转型进度。2023 年 12 月，国际气候科学机构全球碳项目组（Global Carbon Project）发布了《2023 年全球碳预算报告》。研究表明[1]，预计截至 2023 年，全球已排放二氧化碳约 2.57 万亿吨，按照 50% 的可能性估算，全球实现 1.5℃、1.7℃、2.0℃温控目标下，剩余碳预算仅分别为 2500 亿、6000 亿、1.15 万亿吨左右，分别约占全部碳预算的 10%、20%、30%。以 2022 年全球二氧化碳排放量（约 415 亿吨）推算，预计全球将于 2030 年、2040 年、2050 年前后分别耗尽上述温升情景下的碳预算。

实现碳中和已逐步成为全球共识。2023年11月30日，《联合国气候变化框架公约》第28次缔约方大会（COP28）在阿联酋迪拜召开，会议吸引了超过7万人参加，成为有史以来规模最大的一次气候大会。该次会议重点关注了加速能源转型、解决气候融资、关注人民生活和生计、以全面包容为基础的"四大转型支柱"，并取得了一系列积极成果：会议首天即获批通过了"损失和损害"基金决议草案；《全球可再生能源和能效承诺》《全球制冷承诺》《石油和天然气脱碳承诺章程》《三倍核能宣言》《COP28关于气候救济、恢复与和平宣言的阿联酋宣言》等成果凸显了全球应对气候变化、加快能源转型的决心[2]。

截至2023年底，全球已有150个主权国家制定了或计划制定碳中和目标（包括已实现、已立法、已列入政策、已宣誓和已计划实现碳中和的国家），覆盖了全球76.1%的国家数量、92.8%的经济体量、88.1%的人口总量。

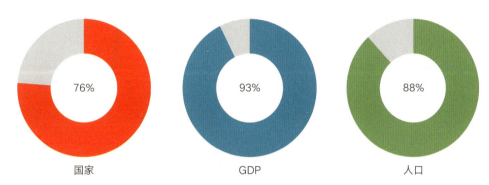

图2-2   2023年底全球碳中和承诺覆盖情况

图2-3   细分类型下全球减碳承诺现状

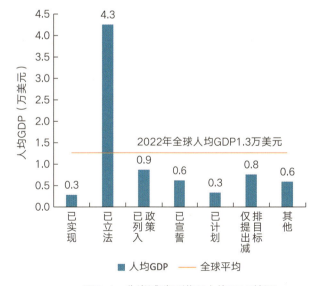

图2-4   分类减碳承诺下人均GDP情况

细分类型看，各国减排目标的设定与其国情实际、发展阶段密切相关：

已实现碳中和目标的国家数量为9个，仅占全球国家总数的4.6%，分布于中南美、亚太及非洲。2022年，上述9个国家人口与GDP占全球的比重分别为0.7%、0.2%，人均GDP（0.3万美元）不足全球平均水平的1/4。上述国家之所以能够率先实现碳中和：**一是自然资源得天独厚。**其中，苏里南、圭亚那、加蓬森林覆盖率均超过

90%，不丹、巴拿马分别超过 70%、接近 60%。**二是发展阶段较为落后。**其中，科摩罗、贝宁、马达加斯加三国均被联合国列为"最不发达国家"，难以保证足量的用能需求。**三是第二产业占比较低，产业结构偏轻。**多以农业、服务业为主，以科摩罗为例，工业增加值比重仅约 9%。**值得注意的是，受经济发展拉动，上述国家存在着"已中和"向"重返碳"的风险。**

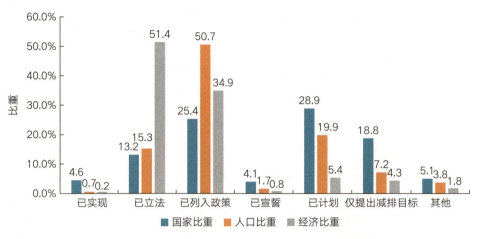

图2-5　细分类型下全球减碳承诺现状

已将碳中和目标进行国内立法的国家为 26 个，占全球国家总数的 13.2%，其中仅马尔代夫、斐济及尼日利亚三国为非 OECD 国家。2022 年，上述 26 个国家人口占全球的比重为 15.3%，GDP 占全球的比重超过一半（51.4%），人均 GDP（4.3 万美元）为全球平均水平的 3.4 倍。从碳中和目标设定时间看，除尼日利亚、德国、瑞典、奥地利、冰岛、芬兰、马尔代夫 7 国外，其他国家均将目标年份设定为 2050 年。

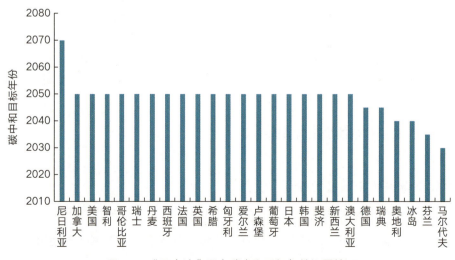

图2-6　"已立法"国家碳中和目标年份设置情况

已将碳中和目标列入本国政策的国家为 50 个，占全球国家总数的 1/4（25.4%）。2022 年，上述 50 个国家人口、GDP 占全球的比重分别达 50.7%、34.9%，人均 GDP（0.9 万美元）约为全球平均水平的 70%。从碳中和目标设定时间看，印度、泰国分别定为 2070 年、2065 年，中国、乌克兰、沙特阿拉伯、哈萨克斯坦、俄罗斯五国均定为 2060 年，土耳其、尼泊尔、安提瓜和巴布达分别定为 2053 年、2045 年、2040 年，多米尼克、巴巴多斯均定为 2030 年，其他国家将目标年份定为 2050 年。

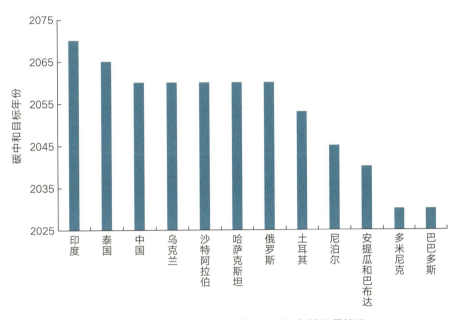

图2-7　"已列入政策"国家碳中和目标年份设置情况

对碳中和目标进行政策宣示的国家为 8 个，占全球国家总数的 4.1%。2022 年，上述 8 个国家人口、GDP 占全球的比重分别为 1.7%、0.8%，人均 GDP（0.6 万美元）约为全球平均水平的一半。从碳中和目标设定时间看，巴林、科威特将目标年份设定为 2060 年，加纳设定为 2070 年，其他 5 国将目标年份定为 2050 年。

拟提出或计划制定碳中和目标的国家为 57 个，占全球国家总数的 28.9%。2022 年，上述 57 个国家人口占全球的比重接近 1/5，GDP 占全球的比重仅为 5.4%，人均 GDP（0.3 万美元）不足全球平均水平的 30%。从碳中和目标设定时间看，毛里塔尼亚、印尼目标年份分别设定为 2030 年、2060 年，其他 55 个国家将目标年份定为 2050 年。

仅提出减排目标的国家有 37 个，占全球国家总数的 18.8%。2022 年，上述 37 个国家人口、GDP 分别占全球的 7.2%、4.3%，人均 GDP（0.8 万美元）约为全球平均水平的 60%。

未提出任何减排方案的国家有 10 个，占全球国家总数的 5.1%。2022 年，上述 10 个国家人口、GDP 分别占全球的 3.8%、1.8%，人均 GDP（0.6 万美元）约为全球平均水平的一半。

（本节撰写人：冀星沛　审核人：李江涛）

2.2 关键影响因素

2.2.1 经济社会

全球潜在经济增速持续放缓。2023 年 11 月，经济合作与发展组织（OECD）发布的《经济展望》报告预测，2024 年全球经济增长将放缓至 2.7%，2025 年将反弹至 3.0%。2024 年 1 月，联合国发布的《2024 年世界经济形势与展望》报告预测，全球经济增长将从 2023 年的 2.7% 放缓至 2024 年的 2.4%。同期，国际货币基金组织（IMF）发布的《世界经济展望报告》将 2024 年全球经济增长预期上调至 3.1%，较 2023 年 10 月预测值高出 0.2 个百分点，2025 年全球经济将增长 3.2%，但同时指出，全球经济扩张步伐仍然较慢，2024—2025 年经济增长预测值大幅低于 2000—2019 年间 3.8% 的平均水平。结合各机构的最新预测结果，未来两年，全球经济年均增速将维持在 3.0% 左右，随着全球人口及生产率增长放缓，经济增速逐步下降。

新兴经济体仍有巨大增长潜力。相比较看，新兴经济体增长势头普遍好于发达国家，亚洲仍将是全球经济增长最快的地区。IMF 预测 2024 年、2025 年，发达经济体经济增速分别为 1.5% 和 1.8%，新兴市场和发展中经济体将分别达到 4.1% 和 4.2%，其中美国、欧元区、日本经济增速将从 2.1%、0.9%、0.9% 变化至 1.7%、1.7%、0.8%，亚洲新兴市场和发展中经济体将分别增长 5.2% 和 4.8%，印度经济增速将分别达到 5.7%、6.8%，中国分别为 4.6%、4.1%。国内有关机构，如中国社会科学院、中国宏观经济论坛（CMF）、中国银行研究院等预测，2024 年中国 GDP 将增长 5%~5.5%。综合各种结果，预计中国经济仍将长期保持较快增长态势，"十四五""十五五""十六五"时期分别约为 5.3%、5.0%、4.5% 左右。

表 2-1　全球及主要经济体实际 GDP 增长率预测　　　　单位：%

全球及主要经济体	2024 年	2025 年	2026—2030 年	2031—2040 年	2041—2050 年	2051—2060 年
世界	3.1	3.2	3.0	2.8	2.7	2.5
发达经济体	1.5	1.8	1.9	1.8	1.7	1.6
美国	2.1	1.7	2.0	1.9	1.8	1.7
欧元区	0.9	1.7	1.7	1.6	1.5	1.4
德国	0.5	1.6	1.6	1.5	1.4	1.3
法国	1.0	1.7	1.8	1.7	1.6	1.5

续表

全球及主要经济体	2024 年	2025 年	2026－2030 年	2031－2040 年	2041－2050 年	2051－2060 年
日本	0.9	0.8	1.0	0.9	0.8	0.8
英国	0.6	1.6	1.9	1.9	1.8	1.7
加拿大	1.4	2.3	2.3	2.2	2.1	2.0
新兴市场和发展中经济体	4.1	4.2	4.0	3.8	3.6	3.5
中国	5.0	5.0	5.0	4.5	4.0	3.5
印度	5.7	6.8	6.2	5.8	5.0	4.5
俄罗斯	2.6	1.1	1.3	1.6	1.3	1.2

资料来源：联合国、国际货币基金组织（IMF）、经济合作与发展组织（OECD）、中国银行研究院、中国宏观经济论坛（CMF）、高盛全球投资研究（Goldman Sachs Global Investment Research）。

预计全球人口增长将持续放缓。联合国最新人口展望显示，预计 2085 年全球人口增长接近停滞，峰值约 100 亿，较前值预测大幅下调。从各大洲人口比重看，预计到 2060 年，非洲人口占世界人口比重将由 2022 年的 18% 上升到 28%，亚洲人口比重将由 59% 下降到 53%；到 2100 年，亚洲人口比重将下降到 45%，非洲人口比重将上升至 38%。主要国家中，印度总人口自 2023 年超过中国，将在 2060 年、2100 年前后达到中国总人口的 1.5、2 倍。美国、印尼、巴基斯坦、尼日利亚将始终保持世界前十的位置，刚果（金）、埃塞俄比亚、坦桑尼亚、埃及等非洲国家将成为新晋十大人口国，人口在 2100 年将达到 2 亿~4 亿不等。

图2-8 2022年、2060年、2100年世界各大洲人口比重对比

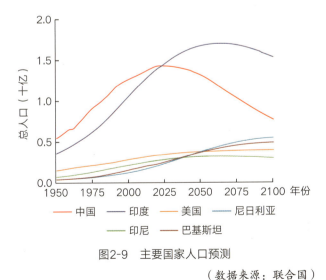

图2-9 主要国家人口预测

（数据来源：联合国）

（本节撰写人：曲天词 审核人：王向）

2.2.2　成本价格

全球能源供需紧张局面较 2022 年有所缓解，煤炭、天然气价格同比大幅下跌，石油价格先降后升，虽然 2023 年大宗能源商品价格回落，但全球能源供需紧张局面难以根本性缓解。 由于供给量增加，叠加发达经济体需求放缓，纽交所交割轻质原油期货价格由 2023 年初的 80 美元 / 桶，在 3 月跌至接近 60 美元 / 桶，截至 2023 年底已回升至 73.6 美元 / 桶。预计从 2030 年左右开始，石油需求和油田供应均呈下降态势，供需形势不会宽松，因此，石油价格整体上不会出现大幅下降。

天然气方面， 截至 2023 年 12 月底，荷兰 TTF 天然气期货价格报收 34.5 欧元 /（兆瓦·时）（2.7 元 / 米³），同比下降 62.4%。新兴市场和发展中经济体的天然气需求增长率较低，液化天然气供应商争夺市场份额的竞争激烈。预计天然气需求在 2030 年前后先平稳后下降，2030 年天然气进口价格为 6.5~8 美元 / 百万英热。

煤炭方面， 截至 2023 年 12 月底，澳大利亚纽卡斯尔港 5500 大卡动力煤指数 157.0 美元 / 吨，同比下降 61.4%；南非理查德湾 5500 大卡动力煤价格指数 114.0 美元 / 吨，同比下降 45.9%。预计 2023 年，全球煤炭需求将再创历史新高，全球煤炭总体需求将略增 0.4%，达到约 83.9 亿吨，主要来自亚洲新兴经济体如中国、印度、越南等国家的需求增长。然而受经济前景疲软、天然气价格下降、核电复苏以及可再生资源发电量充足等影响，欧盟和美国煤炭需求也再次步入下降轨道。2023 年煤炭贸易量将回升至 2019 年水平，全球动力煤进口需求的增加将主要由印尼满足，预计全年出口量将增加 12%，达到约 5.3 亿吨。炼焦煤需求增加预计主要由蒙古国满足，出口量将增加 1 倍多，达到 4000 多万吨。随着煤炭需求降低，国际煤价呈下行趋势。

关键矿产资源方面， 锂、镍、钴和铜等关键矿物和金属的可靠和可持续供应是保障清洁能源转型的基础。清洁能源技术的大规模应用使得能源部门成为关键矿产市场增长的主要驱动力。这些关键矿产资源在经历了 2021 年和 2022 年的价格飙升后，价格已经开始放缓，但在大多数情况下，仍远高于历史平均水平。预计随着经济复苏和清洁能源部署的持续加快，关键矿产资源价格上涨的动力仍然存在。新的关键矿产项目通常涉及更高的生产成本，同时，短期供应能力不足造成产量下降可能会引发价格快速上涨。

碳价方面， 在全球范围内，目前约 23% 的能源排放实现碳价格覆盖。尽管全球能源危机和能源市场价格大幅波动，但 2022 年，约一半碳定价计划内的碳价格有所上涨。欧盟大幅提升了其碳排放交易系统的能力，并为建筑、道路运输等部分行业部门采用了新的碳排放交易系统，同时引入了欧盟碳边境调节机制（CBAM）。碳排放交易系统和碳税产生的收入继续呈上升趋势，2022 年接近 1000 亿美元。尽管如此，如果要实现《巴黎协定》的目标，大多数碳价格仍偏低。预计到 2050 年，发达经济体的碳价格将平均上涨至 250 美元 / 吨二氧化碳，其他主要经济体（如中国、巴西、印度和南非）的碳价格将上涨至 200 美元 / 吨，其他国家的碳价格水平依然较低。

（本节撰写人：姚力　审核人：王成洁）

2.2.3　技术发展

可控核聚变不断取得新突破，商业化进程加速。 2022 年 12 月 14 日，美国劳伦斯利弗莫尔国家实验室首次实现可控核聚变点火成功，在向目标提供 2.05 兆焦的能量之后，产生了 3.15 兆焦的核聚变能量输出，能量增益约为 1.5。截至 2023 年 12 月，该实验室实现最高输出 3.88 兆焦的纪录。2023 年 12 月 1 日，欧洲聚变能组织发布消息称，欧洲和日本共同建造和运营的核聚变反应堆 JT-60SA 投入运行。JT-60SA 为托卡马克装置，位于日本量子科学技术研究开发机构那珂研究所，高 15.5 米，可以容纳 135 米^3 的等离子体。在国际热核聚变实验堆（ITER）建成之前，它是目前全球最大的核聚变反应堆。

储能技术发展呈多元化趋势，大容量、长周期储能技术有望取得突破。 美国能源部和西北太平洋国家实验室启动电网储能研发平台，开发下一代储能材料、器件和原型系统，并计划在电网运行环境下进行独立测试和验证。英国商业、能源和工业战略部在"长时储能示范计划"框架下开发一系列先进储能技术，包括热电池技术、超高温储能系统、电力转化为多种载体储能技术等。我国新型储能关键技术与设备的国产化加速。预计 2025 年，压缩空气、液流电池等长时储能技术进入商业化发展初期，飞轮、钠离子电池等储能技术进入大容量试点示范阶段；2030 年，各类主流新型储能技术装备自主可控，实现全面市场化发展。

可再生能源技术加快迭代，高效光伏发电、大容量风电等技术取得突破。 2023 年 11 月 10 日，全新一代 18 兆瓦海上直驱风电机组在福建福清下线。这是目前已下线的全球单机容量最大、叶轮直径最大的海上直驱风电机组。18 兆瓦海上直驱风电机组由 3 万余个部件组成，机组轮毂中心高度 160 米，相当于 53 层居民楼的高度，风轮扫风面积 5.3 万余米^2，相当于 7.5 个标准足球场；其配套的叶片单支长 126 米，是针对年平均

风速 10 米 / 秒以上的海域开发的，可抵御风速达 80 米 / 秒的超强台风。11 月 3 日，隆基绿能宣布其自主研发的晶硅－钙钛矿叠层电池转换效率达到 33.9%，刷新该领域世界纪录；11 月 30 日，协鑫光电再发重磅消息，其研发的面积为 279 毫米 × 370 毫米的钙钛矿叠层组件效率达到 26.17%，创造了新的世界纪录。

（本节撰写人：姚力　审核人：王成洁）

2.2.4　能源政策

美国《通胀削减法案》通过激励太阳能、风能、碳捕获和清洁氢等清洁能源技术的国内生产，重塑美国清洁能源供应链。 2022 年 8 月 16 日，美国总统拜登在白宫签署《通胀削减法案》。2022 年 9 月，美国《通胀削减法案》正式成为立法。根据该法案，联邦政府将在气候和清洁能源领域提供高达 3690 亿美元补贴，以支持电动汽车、关键矿物、清洁能源及发电设施的生产和投资，其中多达 9 项税收优惠是以在美国本土或北美地区生产和销售作为前提条件。未来随着欧美可再生能源设备本土化供应力度加大，中国、欧洲、美国及其他可再生能源设备出口国之间的国际竞争将更加激烈。

多国采取政策加快发展氢能。 2023 年，**韩国**宣布：一是启动氢能发电项目招标，拟分两阶段开展招标，总招标容量 13 亿千瓦·时；二是拟筹建 3 个大型氢能生产基地，其中有 2 个基地将开展电解水制氢工作，另外 1 个基地采用天然气重整 +CCS（捕集与封存）方式制氢；三是加强与阿塞拜疆、法国、日本和阿曼等国开展氢能合作。**日本**政府宣布将投资 15 万亿日元（约合 1070 亿美元）加快推进氢能产业链建设，主要采取三项措施：一是加快氢能燃料在化学制造、钢铁生产等

重碳领域规模化应用；二是扩大绿氢电解槽装机规模，目标到 2030 年装机达 1500 万千瓦；三是大力提高氢能整体产能，目标到 2040 年、2050 年氢气年产能分别达到 1200 万吨和 2000 万吨。

印度政府宣布：一是制定发展规划，目标到 2030 年该国非碳氢化合物燃料发电装机占比达 50%，2070 年实现净零排放；二是出台激励政策，将为绿氢产业提供高达 1800 亿卢比（约合 22 亿美元）的专项补贴，其中，15.8 亿美元用于绿氢生产，目标成本约 3.7 美元/千克，其余资金主要用于电解槽研发制造，年产能达 300 万千瓦。

通过气候法案确保实现碳减排目标。2023 年 4 月，**欧洲**议会投票通过三项关键气候法案。一是实施碳边境调节机制（CBAM），明确欧盟将从 2023 年 10 月 1 日起对钢铁、水泥、化肥、电力、氢能等行业进口产品征收碳税；二是改革碳排放交易体系（ETS），要求到 2030 年 ETS 各行业温室气体排放量较 2005 年水平减少 62%，在 2026-2034 年逐步取消针对部分行业企业的免费碳配额，为交通运输和建筑行业构建单独 ETS 体系；三是设立欧盟社会气候基金（SCF），提出将通过拍卖 ETS 碳配额等方式筹资为获取清洁能源和低碳交通方面的弱势群体提供帮助以实现公正能源转型。6 月，**瑞士**就气候法案、跨国公司税收制度改革等问题举行全民公投。投票结果显示，59.1% 的瑞士公民认可新版《气候保护法》，支持该国 2050 年实现碳中和，78.5% 的公民支持跨国公司税收制度改革，未来瑞士将对年营业额超 7.5 亿欧元的跨国企业实施最低 15% 的税率。

7 月，**阿联酋**内阁会议通过多项重要绿色提案。一是更新国家能源战略，政府计划在 2030 年前投入 400 亿~540 亿美元，并在 2031 年实现清洁能源在能源结构中占比达 30% 的目标；二是通过国家氢能战略，旨在通过打造氢能生产基地、构建氢能产业链、建立氢能研究发展中心等方式在未来 8 年内将该国打造成为低碳氢生产和出口中心；三是批准国家电动汽车政策，通过建设全国电动汽车充电网络、构建充电站数据库等措施，普及电动汽车并减少交通领域碳排放。

欧洲多国继续重启煤电以应对可能的电力短缺。为了应对 2023 年冬天可能出现的天然气短缺问题，**德国** 10 月 4 日宣布被迫重启封存的燃煤电厂。允许德国最大的电力供应商莱茵集团在尼德劳森电厂重启 2 个煤电机组，在纽拉特电厂重启 1 个煤电机组，并允许德国第二大电力供应商 LEAG 重启雅恩施瓦尔德电厂的 2 个煤电机组，为电网增加额外的电力供应。**英国**国家电网公司（NG）呼吁国内发电集团增加煤炭储备，同时考虑推广需求侧响应服务，以应对 2023 年冬天可能出现的能源短缺状况。英国 Drax 公司位于北约克郡的 2 台停运煤电机组也已确定将在 2023 年冬天重启。**法电集团**（EDF）目前也正在研究制定在英煤电重启方案。此外，NG 还计划与其他国家重签跨境电力贸易协议，以此提升欧洲国家间电力互济能力，帮助应对可能再次出现的能源短缺危机。

（本节撰写人：姚力　审核人：王成洁）

2.3 情景设计

考虑到 1.5℃温控目标实现难度，《全球能源分析与展望 2023》设置了基准情景、净零承诺情景、2℃情景，展望期为 2023—2060 年。

面向未来 40 年，三个展望情景的主要差异是能源转型政策的不同以及是否设定全球温升控制目标约束。**本报告主要聚焦于能源领域相关碳排放，同时假设其他领域温室气体排放控制取得与能源领域相当的成效，以便对全球温升水平进行相对准确的估算。**

2.3.1 基准情景

基准情景主要基于各国能源转型历史及现状，探索在当前政策力度和转型速度下全球能源供需的发展趋势及未来全球平均温升的变化态势，化石能源消费仍将在较长时间内保持增长态势，非化石能源消费不断增长；节能及清洁能源利用技术逐步得到推广，终端电气化水平稳步提升，氢能在一定程度上得到应用，碳减排力度较小、实施相对容易，但无法有效控制温升。

2.3.2 净零承诺情景

净零承诺情景假设各国净零排放承诺和自主

贡献目标（Nationally Determined Contribution, NDC）均按期如约兑现，探索了各国的净零雄心有望实现怎样的全球温升控制效果，并假设欧洲对俄罗斯能源限令将长期执行，化石能源供给短缺、价格高企等制约因素仍将持续，全球尤其是欧洲化石能源消费快速达峰，非化石能源开发力度加快；节能及清洁能源利用技术加快推广，终端电气化水平加速提升，氢能在工业、交通等领域得到推广，碳减排力度增大、实施难度提高，但只能一定程度上控制温升。

2.3.3 2℃情景

2℃情景是《巴黎协定》2℃温升控制目标倒逼下全球能源转型发展的一条路径，以全球剩余碳预算为主要约束，各国自主贡献目标和净零排放承诺提前、超额兑现，化石能源消费及早达峰，非化石能源消费加快增长，节能及清洁能源利用技术大范围推广，终端电气化水平快速提升，氢能在工业、交通等领域得到广泛应用，碳减排力度和实施难度进一步增加。

（本节撰写人：冀星沛　审核人：张成龙）

2.4 主要展望结果

2.4.1 一次能源

（一）总量

全球一次能源需求增长逐步放缓。一方面，人口的持续增长、各国经济和能源普遍服务发展的不平衡不充分将支撑起全球能源需求的不断增长；另一方面，受发展中国家逐渐进入工业化更高级阶段、节能技术逐步推广等因素影响，全球一次能源消费将在增长速度放缓之后负增长。在基准情景下，全球一次能源需求在 2020－2060 年四个 10 年里的年均增速逐次下降，分别为 1.8%、0.7%、

0.0%、−0.5%，2045 年前后达到峰值平台期，2060 年降至约 247 亿吨标准煤，较 2020 年增长约 23%。在净零承诺情景下，全球一次能源需求在 2030 年前后达到峰值平台期，之后受承诺兑现、效率提升、结构调整等影响稳步下降，2060 年约 194 亿吨标准煤，较 2020 年减少约 3%。在 2℃情景下，全球一次能源需求在各个时间阶段均小于上述两个情景，2035 年后持续下降，2060 年约 180 亿吨标准煤，较 2020 年减少约 10%。

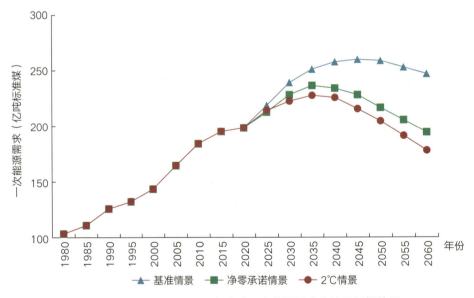

图2-10　1980－2060年全球一次能源需求分情景展望结果

（二）分品种

非化石能源由增量替代转向存量替代。目前，化石能源消费仍然占据主体地位，但以风能、太阳能为代表的可再生能源正在加快发展。在基准情景下，化石能源占全球一次能源需求的比重从 2020

年 的 约 4/5 降 至 2060 年 的 约 3/5；2060 年 非化石能源占比约 2/5，其中非水可再生能源占比约 30%。在净零承诺情景下，化石能源占全球一次能源需求的比重更快下降，2060 年约为 40%；非化石能源占比大幅提升，2060 年约为 60%，

其中非水可再生能源占比略超 40%。在 2℃情景下，2060 年非化石能源占比约 4/5，其中非水可再生能源占比约 3/5，较净零承诺情景进一步提高。

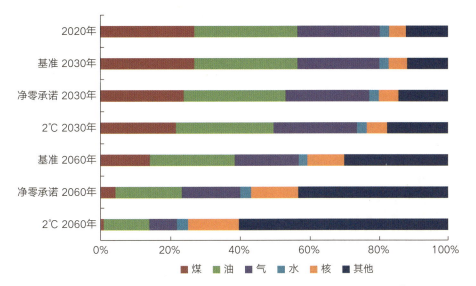

图2-11　2020年、2030年、2060年全球一次能源需求结构的分情景对比

（三）分地区

全球一次能源消费格局深刻演变，亚太占比接近一半，欧洲、北美比重持续下降，非洲超越欧洲成为第三大消费区域。在净零承诺情景下，欧洲、北美占全球能源需求的比重分别从 2020 年的 18%、19% 降至 2060 年的 10%、14%；中南美、中东、非洲占比持续提升，2060 年分别约 6%、9%、11%；受日本、韩国等发达经济体及中国的气候目标影响，亚太占全球能源需求的比重于 2035 年进入平台期，均值约 48%，较 2020 年高约 5 个百分点，2060 年降至约 46%；航空航运占比保持约 3%。

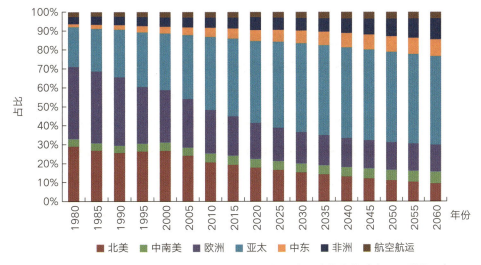

图2-12　1980－2060年全球一次能源需求分地区结构变化（净零承诺情景）

（本节撰写人：冀星沛　审核人：张成龙）

2.4.2 终端能源

（一）总量

全球终端能源需求达峰晚于一次能源需求。受能源加工转换效率提升、终端电气化进程加快等影响，终端能源需求达峰晚于一次能源需求。

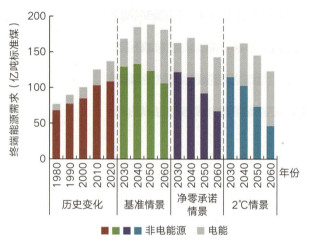

图2-13 1980—2060年全球终端能源需求分情景展望结果

在基准情景下，全球终端能源需求持续增长，在2020—2060年四个10年年均分别增长2.1%、0.9%、0.2%、−0.4%，2060年约181亿

吨标准煤，较2020年增长约30%。在净零承诺情景下，全球终端能源需求在2040年前后达峰，峰值约170亿吨标准煤，2060年降至约143亿吨标准煤，与2020年基本持平。在2℃情景下，全球终端能源需求在2040年前后达峰，峰值约162亿吨标准煤，2060年降至约123亿吨标准煤，较2020年下降约10%。

（二）分品种

终端用能电气化转型趋势显著。在基准、净零承诺、2℃情景下，化石能源占全球终端能源需求的比重持续下降，从2020年的65%，分别降至2060年51%、37%、27%。分品种看，石油保持终端化石能源最大品种地位；电能、氢能占比提升是普遍规律。在净零承诺情景下，煤、油、气等化石能源占终端能源需求的比重持续下降，2060年分别约3%、24%、10%；电能占比约53%，较2020年增幅超过30个百分点；氢能及其衍生物利用稳步扩大，2060年占比约6.2%；热及其他占比持续下降，2060年约3%，较2020年下降约10个百分点。

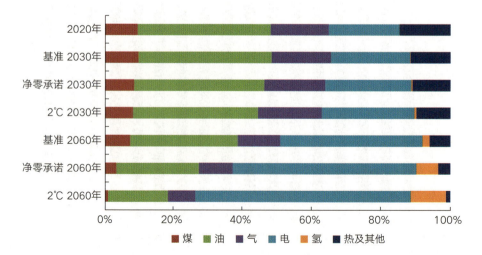

图2-14 2020年、2030年、2060年全球终端能源需求结构分情景对比

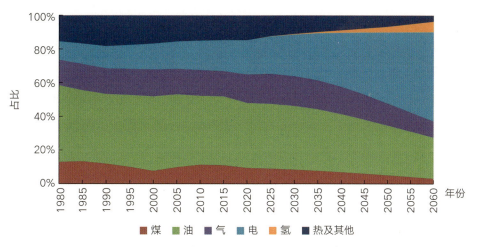

图2-15 1980—2060年全球终端能源分品种结构（净零承诺情景）

电气化水平提升是能源发展大势所趋。未来，随着新能源大规模开发及用电技术经济性提高，终端电气化水平将加速提升。据测算，在技术可行条件下65%左右的终端能源可由电能提供，无法替代的部分主要是化石能源参与生产过程或投入非能利用，以及技术上尚无法由电能提供用能的领域。在基准、净零承诺、2℃情景下，2060年电能占全球终端能源需求的比重分别约为41%、53%、62%，均呈现出明显的加速提升态势。

电气化水平提升呈现明显的地域差异，中国保持较高水平。受资源禀赋、能源政策、发展阶段等多方面因素影响，各国电气化水平在持续提升的共同趋势下，呈现出明显的地域差异。在净零承诺情景下，欧盟整体电气化水平最高，2060年约61%，其中法国、德国超过65%，俄罗斯仅41%；亚太整体电气化水平与北美相当，分别约52%、53%，其中中国约61%，大幅高于美国的54%；中东、非洲电气化水平分别约42%、37%，仍存在一定提升空间。

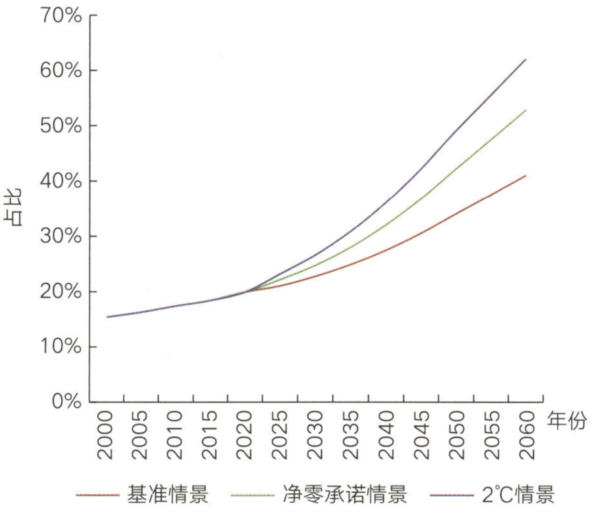

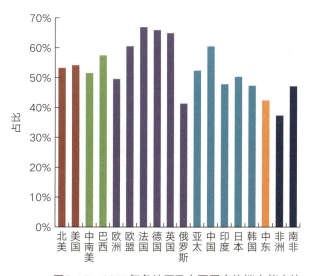

图2-16 2000—2060年全球电能占终端能源需求的比重分情景对比

图2-17 2060年各地区及主要国家终端电能占比（净零承诺情景）

（三）分部门

工业用能占全球终端能源需求的比重上升，交通、居民生活用能占比下降。 展望中长期，以欧美为代表的发达国家能效持续提升导致各部门能源需求普遍下降，以中国为代表的发展中国家经济重心不断向服务和消费转移，以印度为代表的经济后发国家工业化进程稳步推进，三方面趋势共同决定了全球能源消费的部门格局变化。在净零承诺情景下，2060 年工业用能占全球终端能源需求的比重较 2020 年上升约 4 个百分点，主要是工业清洁低碳转型较其他部门相对困难；交通用能占比下降约 2 个百分点，主要受出行电气化进程的带动；居民生活用能占比下降约 3 个百分点，商业用能占比下降约 1 个百分点，主要受建筑用能效率持续提升影响；非能利用占比提升约 2 个百分点。

各部门电气化水平普遍提升，交通电气化潜力巨大。 分部门看，居民生活、商业电气化潜力较大，有实现 100% 电气化的可能；工业部门受生产技术工艺、高温高压要求等限制，电气化提升空间相对有限；电气化是交通发展重大趋势，进程快慢主要取决于政策支持力度和技术成熟程度。在净零承诺情景下，2060 年工业、交通部门电气化水平分别约 64%、32%，居民生活、商业电气化水平分别约 77%、82%。

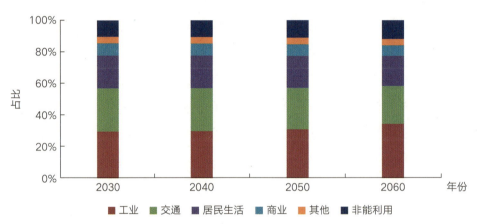

图2-18　2030年、2040年、2050年、2060年
终端能源分部门结构（净零承诺情景）

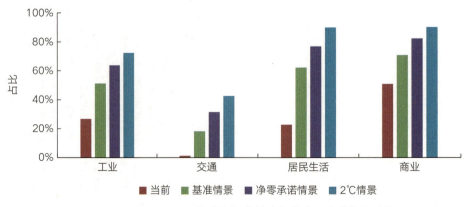

图2-19　2060年分部门终端电气化水平的分情景对比

（本节撰写人：冀星沛　审核人：张成龙）

2.4.3 电力供需

（一）电力需求

全球电力需求在应对气候变化目标指引下加速增长。展望未来，虽然能效提升会减缓用电增速，但受工业化进程、电气化加速、城市化发展驱动，全球电力需求将保持快速增长。在基准、净零承诺、2℃情景下，2060 年全球终端电力需求约 66.1 万亿、67.2 万亿、68.0 万亿千瓦·时，较 2020 年均增长约 2.7 倍。

全球制氢用电需求规模持续扩张。除满足终端用电需求外，一部分发电量还用于制氢，在解决可再生能源发电出力随机波动性的同时，为电力系统提供了灵活性，还为化工行业脱碳和氢基燃料生产提供了绿色原料。在基准情景下，2060 年全球总发电量约 73.1 万亿千瓦·时，制氢用电量约 2.4 万亿千瓦·时，占比约 3.2%。在净零承诺情景下，2060 年全球总发电量约 78.3 万亿千瓦·时，制氢用电量约 5.8 万亿千瓦·时，占比约 7.4%。在 2℃情景下，2060 年全球总发电量约 82.1 万亿千瓦·时，制氢用电量约 8.6 万亿千瓦·时，占比约 10.5%。

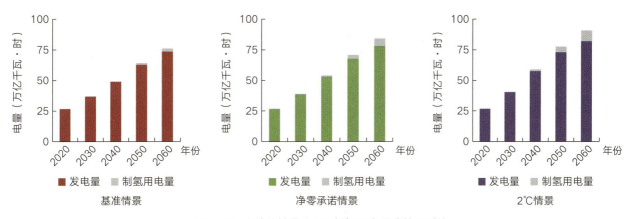

图2-20　全球终端发电量+制氢用电量分情景对比

全球终端电力需求分部门结构变化显著。展望中长期，电力消费分部门结构的最主要变化是交通用电规模快速增长；此外，由于无电人口大规模减少、电器拥有率迅速提升，居民生活用电也存在较大增长空间。在净零承诺情景下，2060 年工业用电占全球终端电力需求的比重约 40%，较 2020 年下降约 1.7 个百分点；交通电气化发展势头强劲，用电占比升至 14.0%，提高约 12.4 个百分点；居民生活用电占比约 28.0%，提高约 0.5 个百分点；商业用电占比降至约 11.4%，降低约 8.7 个百分点。

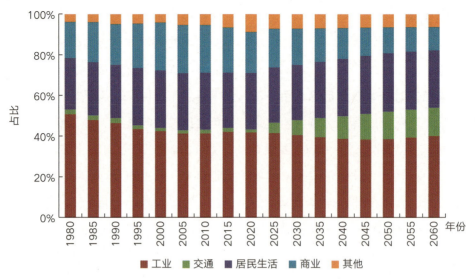

图2-21　1980－2060年终端电力需求分部门结构变化（净零承诺情景）

全球终端电力需求分地区格局持续变化。展望中长期，各国电力需求普遍持续增长，增长速度的差异导致分地区格局持续变化。在净零承诺情景下，北美、欧洲占全球电力需求的比重持续下降，

2060年分别约11%、16%；中南美、中东、非洲占比持续上升，2060年分别约7%、8%、9%；亚太占比于2035－2045年间达到峰值，均值约52%，2060年降至约50%。

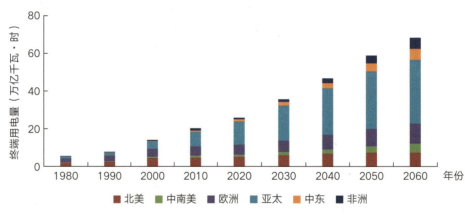

图2-22　1980－2060年终端电力需求分地区格局变化（净零承诺情景）

（二）电力供应

全球发电装机较2020年增长3倍以上。展望中长期，风电和太阳能发电将保持高速增长，这不只是为满足电力清洁低碳转型要求，还因为它们确实已是全球大部分地区发电成本最低的电源品种。在基准、净零承诺、2℃情景下，2060年全

球发电装机分别增至约350亿、410亿、440亿千瓦，较2020年分别增长3.5、4.3、4.7倍。

可再生能源发电装机占比在2025年超越50%，2060年接近90%。为应对气候变化、满足用电增长，各国普遍将可再生能源开发利用作为电力发展的战略选择，明确设置了可再生能源发

电规模目标或占比目标。在净零承诺情景下，全球化石能源发电装机占总装机的比重从 2020 年的近 60% 降至 2060 年的 8.5%，其中燃煤发电占比从 27.5% 降至约 2%，燃气发电占比从约 25% 降至约 6%；可再生能源发电装机占比在 2025 年超越 50%，2060 年接近 90%。

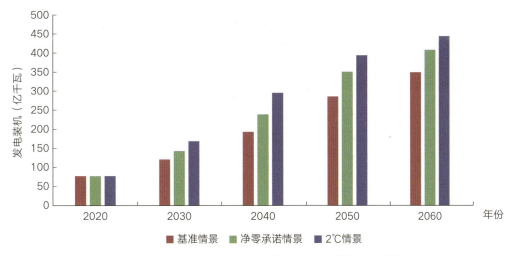

图2-23　2020－2060年全球发电装机规模分情景对比

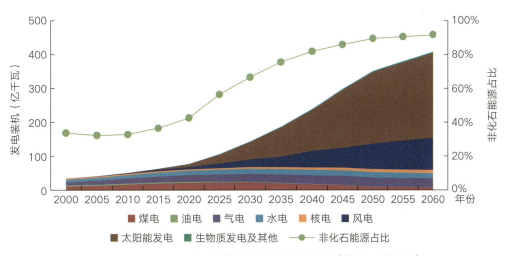

图2-24　2000－2060年全球发电装机分品种变化（净零承诺情景）

可再生能源发电量占比在 2035 年前超越 50%，2060 年接近 80%。 展望中长期，化石能源发电为保障高峰电力供应和提高系统灵活性作出重要贡献，利用小时数持续下降，电量占比亦有所下降。在净零承诺情景下，化石能源发电量占总发电量的比重由 2020 年的约 60% 降至 2060 年的约 12%，其中燃煤发电量占比从约 35% 降至约 1%，燃油发电在大部分地区退出历史舞台，燃气发电占比从约 1/4 降至约 10%；可再生能源发电对化石能源发电形成有力替代，2035 年前可再生能源发电量占比超越 50%，2050 年超越 70%，2060 年接近 80%。

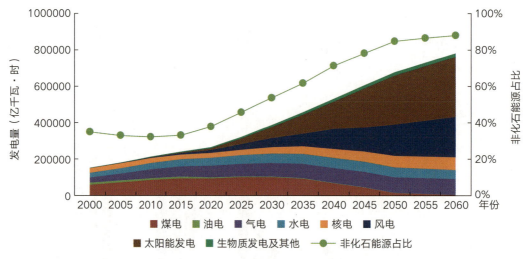

图2-25　2000－2060年全球发电量分品种变化（净零承诺情景）

各地区发电装机保持持续增长态势，中国保持全球最大发电装机国地位。 展望中长期，各主要国家和地区发电装机持续增长，其中美国、欧盟、中国等由于用电增长趋缓导致发电装机增量逐步减少；印度、中东、非洲等由于用电需求快速增长导致发电装机增量持续扩大。从具体规模看，中国2060年发电总装机超过90亿千瓦，始终保持全球最大发电装机国地位；印度于2040年左右超越美国成为全球第二大发电装机国，2060年发电总装机约45亿千瓦。

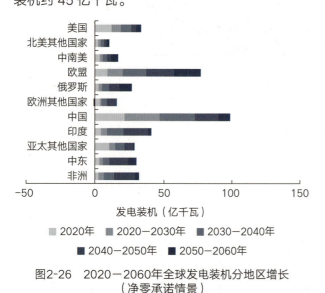

图2-26　2020－2060年全球发电装机分地区增长
（净零承诺情景）

（本节撰写人：冀星沛　审核人：张成龙）

2.4.4　碳排放

（一）能源碳排放

全球减排行动朝着正确方向前进，但与2℃温升控制目标仍有差距。在基准情景下， 全球能源相关碳排放在2030年前后达峰，峰值约400亿吨，2050年略高于300亿吨，2060年约252亿吨，较2020年下降20%。**在净零承诺情景下，** 全球碳排放在2025年前后进入峰值平台期，2050年约为2020年的50%，2060年约为2020年的40%。**在2℃情景下，** 2050年全球碳排放不足2020年的30%，约125亿吨，2060年略低于50亿吨。

全球应对气候变化行动仍需加强。 对比来看，当前各国的净零承诺即使完全兑现，全球碳减排轨迹与2℃情景仍有一定差距。要实现《巴黎协定》2℃温升控制目标，全球应对气候变化行动还需进一步加强，需从政策引导、资金支持、技术创新等全方位发力。

（二）电力碳排放

电力行业碳排放达峰时间与全社会基本同步，但2060年降幅更大。 在基准、净零承诺、

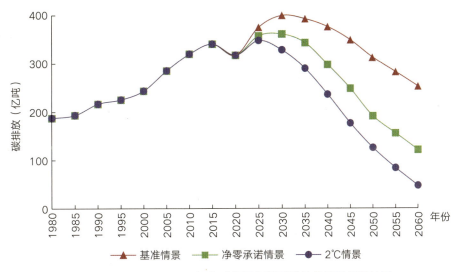

图2-27　1980－2060年全球能源相关碳排放分情景展望结果

2℃情景下，2060年电力行业碳排放分别较2020年下降36%、70%、88%，达峰时间与全社会基本同步。在净零承诺情景下，电力行业碳排放2030年降至约110亿吨，2050年不足40亿吨，2060年降至约25亿吨。当前，为发电厂配备CCUS装置或在煤电和气电中混合使用氢基燃料仍未处于商用阶段，在净零承诺情景下其对至2060年电力行业碳减排的总体贡献约20%。

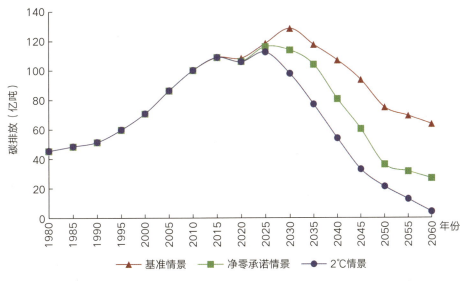

图2-28　1980－2060年全球电力行业碳排放分情景展望结果

（本节撰写人：冀星沛　审核人：张成龙）

2.5 分品种供需情况

2.5.1 煤炭

（一）需求

全球煤炭消费格局呈现"70%·80%"的分布特点。即，从国家看，中国、印度两国煤炭消费占全球煤炭消费的比重分别达到56%、10%，合计约70%；**从行业看，**电力行业、钢铁行业用煤占比分别达到65%、15%左右，合计约80%。

分地区看，预计煤炭消费将进一步向亚太地区集中。中东、中南美洲及非洲用煤占比极低（分别约0.1%、0.8%、2.6%）。**欧洲：**受俄乌冲突影响，全球天然气供应紧缺、价格大幅波动，为对冲风险、应对能源危机，德国、奥地利等国重启煤电[3]，荷兰宣布将暂时取消对燃煤发电的限制至2024年。但从全球煤炭消费格局看，欧盟用煤需求仅占全球煤炭消费比重的4%左右，煤炭需求会出现短期波动但中长期仍将保持下降趋势。**北美洲：**美国、加拿大两国煤电装机、粗钢产量已处于达峰后下降区间，墨西哥煤电装机及粗钢虽仍有增长空间，但难以抵消美国、加拿大两国下降幅度。**亚太：**全球煤炭消费主要集中在以中国、印度为代表的亚太发展中国家，短期看，地区煤炭消费仍有一定增长潜力；中长期看，随着新能源的有效替代与行业转型升级，有望于2030年前后达峰。

分国家看，印度有望取代中国成为拉动全球煤炭消费增长的引擎。从政策目标看，中国提出了"双碳"目标，2021年，国务院印发《2030年前碳达峰行动方案》，明确提出"加快煤炭减量步伐，'十四五'时期严格合理控制煤炭消费增长，'十五五'时期逐步减少"，对全球煤炭供需变化产生重要影响；2022年12月21日，印度煤炭、矿业和议会事务部长表示，印度的煤炭需求将持续增长，预计在2030－2035年间达到峰值。

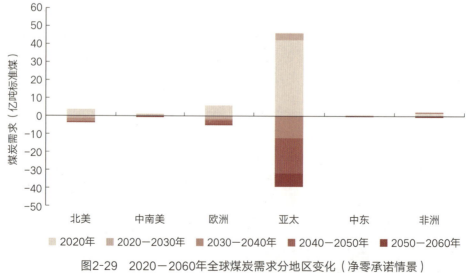

图2-29 2020－2060年全球煤炭需求分地区变化（净零承诺情景）

分行业看，发电行业： 受电力供需持续紧张影响及促进新能源消纳拉动，中国煤电的功能定位将逐步转向灵活性调节电源，发电量增长有望持续放缓，对电煤的需求将于 2025—2030 年间达峰；在经济人口高基数、高增速的趋势下，印度对一次能源的需求将持续增长，受限于国内石油及天然气储量有限，煤炭将长期在本国能源电力结构中扮演主体地位，为降低全社会用电成本，印度将持续增加煤电装机，带动电煤需求大幅增长。**钢铁行业：**

中国经济已由高速增长阶段转向高质量发展阶段，受基建投资及房地产行业放缓甚至衰退影响，粗钢产量已逐步进入峰值平台期，通过严格实施产能置换、严禁新增钢铁产能、加大电炉钢比重[4]，钢铁行业用煤需求有望于 2025 年前达峰；印度《国家钢铁政策 2017》提出，到 2030—2031 财年要实现粗钢产能 3 亿吨／年，将高炉炼钢工艺占比提升至 60%~65%（目前不足 50%），大幅提升炼焦煤需求。

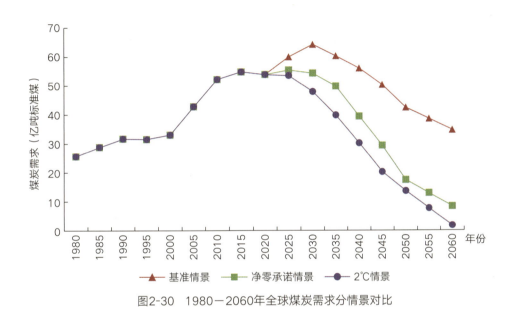

图2-30　1980—2060年全球煤炭需求分情景对比

展望未来，预计全球煤炭需求将于 2030 年前后达峰。 在基准情景下，全球煤炭需求在 2030 年前还会略有增加，2060 年较 2020 年下降约 35%。在净零承诺情景下，全球煤炭需求于 2025 年前达峰，之后持续下降，2030 年较 2020 年增长约 1%，2050 年降至 2020 年的 30% 左右，2060 年降至 2020 年的 15% 左右。在 2℃情景下，全球煤炭需求持续快速下降，2030 年较 2020 年下降约 10%，2050 年降至 2020 年的 1/4 左右，2060 年降至 2020 年的 3% 左右。

（二）供应

从供应格局看，全球煤炭呈现生产、进口与出口"三重集中"的分布特点。即以标准量折算，2022 年，煤炭生产方面， 中国、印尼、印度、美国、澳大利亚、俄罗斯、南非七国煤炭产量占全球总产量的 90% 以上。其中，中国煤炭产量占比达到 53.5%；**煤炭出口方面，** 印尼、澳大利亚、俄罗斯、美国、南非、哥伦比亚六国煤炭出口量约占全球的 90%，其中，印尼、澳大利亚及俄罗斯三国煤炭出口占比分别达到 30.2%、27.6%、

15.5%，合计占 73.3%；**煤炭进口方面，**中国、印度、日本、韩国、中国台湾、德国五国一地区煤炭进口量约占全球的 70%，其中，中国、印度、日本三国煤炭进口占比分别达到 19.9%、14.4%、13.7%，合计占 48%。

展望未来，预计现有供应格局将保持相对稳定，煤炭生产及贸易将在 2030 年前后达峰：

中国、印度同属于煤炭高消费、高自给、高进口发展中国家。中国常年将煤炭自给率维持在 90% 以上，坚持把能源保供稳价放在首位，推动煤炭消费比重稳步下降、煤炭产能维持在合理水平，一方面充分发挥电煤中长期合同"压舱石"作用；另一方面，推进煤炭进口渠道多元化、通道多元化发展，通过铁路、陆路等方式与俄罗斯及蒙古国、通过海陆与印尼、澳大利亚、美国、加拿大等国扩大煤炭贸易。**印度**煤炭产量及消费量仅次于中国，计划通过增加自产提升煤炭自给率，根据印度煤炭部预测，2029−2030 财年煤炭产量增加至 15.11 亿吨，较 2022 年增长 65.9%。需要注意的是，印度电煤储量丰富、炼焦煤资源较低，为满足国内钢铁工业快速发展，仍需加大进口。

日本、韩国、德国等属于煤炭高消费、低自给、高进口发达国家，预计煤炭进口将延续波动下降趋势。三国煤炭产量较低，对外依存度分别达到 99.7%、99.2%、89.0%。2022 年俄乌冲突后，日本、德国限制从俄罗斯进口煤炭，日本除传统从澳大利亚、印尼进口煤炭外，加大从加拿大、美国等地进口；德国"舍近求远"，拓展从美国、哥伦比亚、南非及澳大利亚的进口渠道；韩国仍以澳大利亚、俄罗斯等国为进口主要来源，考虑到日本、韩国、德国煤炭需求已分别于 2013 年、2017 年、1970 年达峰且钢铁、煤电等主要用煤行业已进入峰值平台期或衰退期，预计上述三国煤炭贸易将延续震荡下降态势。

美国、俄罗斯、印尼等属于煤炭高消费、高出口国家。美国煤炭产量将持续下降，2021 年、2022 年煤价高企推动美国煤炭产量止跌回升，但行业投资仍然疲软、新增产能依然不足，2000 年以来，美国煤炭产量已下降近 50%，从中长期看，受国际煤炭市场供需重新恢复平衡、主要用煤国家需求下降影响，美国煤炭产能及产量将延续下降趋势。**俄罗斯煤炭出口从东西并重向以东为主，**俄罗斯煤炭储量全球第二，仅次于美国，常年位居全球第三大煤炭出口国，也曾是欧盟第一大煤炭进口国，俄乌冲突后，俄罗斯积极拓展替代出口渠道，但受制于基础设施建设滞后、铁路及港口运力有限，对亚洲国家尤其是中国、印度出口量虽大幅增加，但难以完全弥补欧洲市场空缺。**印尼煤炭产量及出口增长潜力有限。**2010 年以来，印尼煤炭产量持续快速增长，年均增速达到 8%。受俄乌冲突及中澳关系遇冷影响，日本等亚洲国家停止或减少俄煤进口、中国加大自印尼煤炭进口实现澳煤替代，2022 年印尼煤炭出口创纪录达到 4.7 亿吨。但同时，印尼本国钢铁行业仍处于扩张态势、在建煤电超过千万千瓦，按标准量折算，2010 年以来，本国用煤需求增速（10.1%）快于产量增速（5.6%）及出口增速（4.2%），《关于矿产和煤炭开采的能矿部长条例》《关于满足国内煤炭市场需求的决定》等政策要求，矿产和煤炭的销售需满足"国内市场需求"，优先保障国内市场供应，煤炭生产商需至少将其年度煤炭总产量的 25% 用于供应国内市场。

澳大利亚属于煤炭低消费、高出口国家，仍有较大的出口潜力。澳大利亚本国煤炭消费已于 2009 年达峰，后波动下降。自 2012 年以来，80% 以上的煤炭产量用于出口。考虑到新南威尔士州麦克斯韦、昆士兰州的伯顿等多处矿厂仍在新建，预计全澳煤炭出口量仍将增加。

（本节撰写人：冀星沛　审核人：李江涛）

2.5.2　石油

（一）需求

从消费格局看，全球石油消费呈现"双70%"

的分布特点。分区域看，亚太、美洲、欧洲占全球石油消费的比重分别约40%、30%、20%，非洲等其他地区用油比重较低；**分国家看，**G20国家石油消费比重达到70%。其中，美国、中国两国石油消费占全球的比重分别达到17.5%、15.6%，合计接近1/3；**分行业看，**交通运输、化工（涵盖非能利用部分）两个行业石油消费比重分别为56.0%、14%，合计达到近70%。

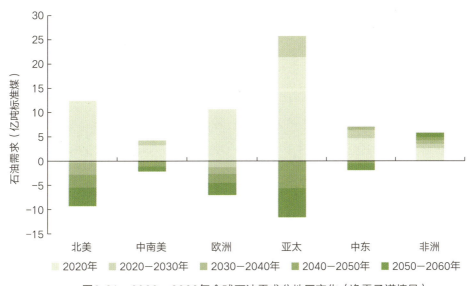

图2-31　2020—2060年全球石油需求分地区变化（净零承诺情景）

分地区看，中短期内全球石油消费将进一步向亚太地区集中，中长期中东、非洲用油比重将有所上升。欧洲及美洲：交通电气化推动石油消费持续下降，欧洲、美洲用油已分别于1991年、2005年达峰并持续下降，上述地区整体石油消费较峰值已下降近30%、12%。其中，交通运输业用油均占地区全社会用油的55%左右，2023年2月，欧洲议会通过了《2035年欧洲新售燃油轿车和小货车零排放协议》，规定到2030年，欧盟销售的燃油轿车较2021年下降55%、小货车下降50%的减排目标；到2035年，碳排放燃油车和小货车将不得对外销售；2022年12月，加拿大政府通过联邦

授权，要求到2026年、2030年、2035年零排放汽车销售比重达到20%、60%、100%；美国提出到2030年电动汽车销售比重达到50%的发展目标，推动交通电气化转型。**亚太：主要发达国家及发展中国家依次达峰后下降。**其中，日本、韩国、澳大利亚千人汽车保有量基本稳定在650、500、750辆，日本石油消费已于1996年达峰，目前较峰值已下降超过40%，近十年来，澳大利亚、韩国石油消费已进入峰值平台期，长期稳定在6000万~6500万、1.5亿~1.6亿吨标准煤左右；相较于亚太发达国家，中国、印度、印尼等地区人口大国千人汽车保有量仅为220、30、100辆左右，交

通用油仍具有较大增长空间。**中东及非洲：石油消费比重有望上升。**石油是中东主要产油国的重要收入来源，因此，这些国家在碳中和目标设定上较为谨慎，预计中长期仍然将以石油作为重要的能源选择；非洲受限于投资能力不足、电力及充电基础设施建设落后等因素，短期内难以大规模推动电动汽车发展，预计仍将以石油作为主要交通能源。

分行业看，石油的能源属性将逐步弱化，工业原材料价值持续增强。展望未来，道路交通方面，受电动汽车推广、燃油效率提升、替代燃料使用等多因素影响，电动汽车、氢能汽车、混合动力汽车占比逐步提高将有效降低石油需求增长。在净零承诺情景下，预计 2030 年全球电动汽车销量比重有望达到 50%，2060 年销量占比有望超过 80%。轨道交通方面，电气化铁路已成为各国的主选；在

航空、航运交通方面，新冠疫情过后经济和交通活动回归正常，石油需求将得到恢复性增长，中长期看，可持续航空燃料使用比重将逐步提升。相较于交通领域，石化行业用油需求持续增长，用油占比将持续上升。

展望未来，预计全球石油需求将于 2030 年前后达峰。受应对气候变化行动落实、电气化进程加快等因素影响，在基准情景下，全球石油需求在 2040 年前后达峰，峰值规模较 2020 年高约 20%，2060 年与 2020 年基本持平。在净零承诺情景下，全球石油需求在 2030 年前后达到峰值，2050 年约为 2020 年的 85%，2060 年约为 2020 年的 60%。在 2℃情景下，2030 年较 2020 年增长约 6%，2050 年约为 2020 年的 65%，2060 年约为 2020 年的 40%。

图2-32　1980－2060年全球石油需求分情景对比

（二）供应

从供应格局看，全球石油生产及出口集中于北美三国、俄罗斯及中东地区。以标准量计算，2022 年，上述国家/地区石油产量占全球的比重分别达到 25.7%、12.1%、32.8%，合计达

到 70.6%；石油出口量占全球的比重分别达到 19.0%、10.0%、29.8%，合计达到约 60%。**全球石油进口集中于亚洲、美国及欧洲诸国，**占比分别达到 50.5%、12.1%、25.4%。其中，中国、美国、印度、韩国、日本位列前五，占全球石油进

口的比重分别约16%、12%、7%、5%、5%，合计约45%。需要注意的是，由于美国本土出产的大部分是轻质原油，需要与重质原油进行混炼，所以美国既是全球主要的石油生产及出口国，同时也是进口大国。

展望未来，预计现有供应格局将保持相对稳定，石油生产及贸易将在2030年前后进入峰值平台期：

石油输出国组织出口比重将稳步提升。 据OPEC 2023年《世界石油展望2045》预计，石油输出国组织产量有望从当前的3420万桶/天提升至2045年的4610万桶/天，增幅约35%，年均增长约1.3%。展望中长期，预计全球石油供应增量的一半将由中东提供。

非石油输出国组织中，预计美国出口量将于2030年前达峰后下降，俄罗斯石油出口量短期稳定、长期下降，巴西仍有较大增长潜力。 受俄乌冲突影响，欧洲加大从美国进口石油，2022年，**美国**石油产量及出口量均创历史纪录，对欧盟市场的原油出口较2021年增加近70%，但随着俄乌冲突及对俄罗斯石油禁运的结束，美国石油的高成本会制约出口增长。**俄罗斯：** 受美国、英国和欧盟等制裁，俄罗斯通过大幅降价保障出口受益，并增加对中国、印度等亚洲市场的出口对冲风险，但从中长期看，随着中国等国石油消费放缓，俄罗斯石油产量将进入下降区间。**巴西：** 盐下油田储量丰富[5]，拥有丰富的油气储量，目前已经是拉丁美洲最大的石油生产国，截至2022年底，巴西证实储量总计149亿桶，其中77%属于盐下石油储量，巴西国家石油公司承诺未来5年将投资780亿美元用于石油生产，推动本国石油出口增长。

（本节撰写人：冀星沛　审核人：李江涛）

2.5.3　天然气

（一）需求

从消费格局看，当前全球天然气消费呈现"50%·70%"的分布特点。 即，分国家看，美国、俄罗斯、中国、伊朗、加拿大五国天然气消费占全球的比重分别达到20.7%、13.1%、8.6%、6.0%、3.3%，合计超过50%；**分行业看，** 发电及供热业天然气消费比重居首，约40.0%，建筑领域（包括居民生活及商业）和化工行业（涵盖非能利用部分）用气次之，分别约占20%、10%，三者合计达到近70%。

分地区看，全球天然气消费将进一步向亚太地区集中。欧洲、美洲：从总量看， 1990年以来欧洲、美洲能源消费已处于下行趋势；**从结构看，** 新能源已逐步成为欧洲能源消费增量主体，天然气消费比重波动下降，美洲地区天然气消费仍保持上升但增势下降，2012年以来年均增长2.1%，根据IMF预测，2023年、2024年欧元区、美国、拉美及加勒比海地区经济增速均较2022年同步大幅下降，对用能增长造成负面影响，考虑到极端天气对新能源的出力造成较大影响，预计欧洲天然气需求仍将延续波动下降趋势、美洲天然气需求2030年前达峰。**亚太：** 从总量看，亚太已成为全球拉动天然气需求增长的主要地区；分行业看，受碳中和承诺、电力保供及新能源消纳带动，亚太地区天然气发电仍有较大增长潜力，相较于欧美，亚太地区人均用能水平及品质仍有较大差距，推动居民用气保持较快增长。**其他地区中，** 预计中东及非洲地区用气将保持稳步增长态势。

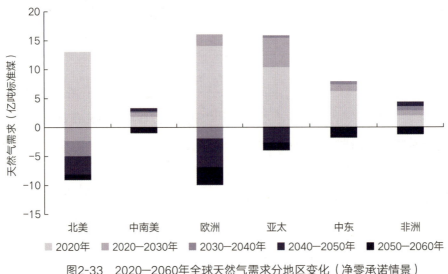

图2-33　2020—2060年全球天然气需求分地区变化（净零承诺情景）

　　展望未来，预计全球天然气需求将于2030—2035年期间达峰。在化石能源中，天然气碳排放因子最小，单位热值天然气的二氧化碳排放量仅相当于煤炭、石油的60%、75%。受俄乌冲突影响，天然气供应的可靠性及经济性因素成为制约其快速发展的主要因素，但总体上，未来几年全球天然气需求仍将保持增长，但增速较以往明显放缓。分领域看，在燃气发电、工业制热、建筑采暖、烹饪炊用等领域潜力较大。展望中长期，全球天然气需求主要受碳减排目标的影响。在基准情景下，全球天然气需求在2035年后进入峰值平台期，2050年较2020年高约10%，2060年略低于2020年。在净零承诺情景下，全球天然气需求在2030年前后达到峰值，较2020年高约15%，2050年降至2020年的90%左右，2060年降至2020年的70%。在2℃情景下，全球天然气需求在2030年后快速下降，2050年约为2020年的60%，2060年约为2020年的30%。

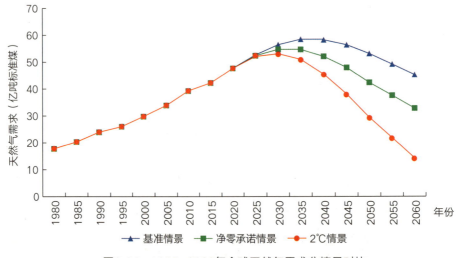

图2-34　1980—2060年全球天然气需求分情景对比

（二）供应

从供应格局看，全球天然气生产呈现美国及俄罗斯大幅领先、多国紧随其后的特点。 以标准量计算，2022 年，美国、俄罗斯天然气产量占全球的比重分别达到 24.0%、16.4%，合计超过 40%，伊朗、中国、加拿大、卡塔尔、澳大利亚、挪威占比分别达到 6.7%、5.2%、4.9%、4.3%、3.8%、3.1%，合计占 28.0%，上述八国占比合计达到 68.4%。**出口方面，** 俄罗斯、美国、卡塔尔三足鼎立，主要区域多有出口大国。其中，俄罗斯、美国、卡塔尔三国占全球天然气出口的比重分别达到 18.7%、15.0%、10.3%，挪威、澳大利亚、加拿大、土库曼斯坦、阿根廷分居于欧洲、大洋洲、北美洲、中亚、南美，出口占全球的比重分别达到 9.0%、8.6%、6.3%、4.7%、4.4%，上述国家占比合计达到近 80%；**进口方面，** 集中于东亚及西欧诸国，中国、日本、德国分居前三，占比分别达到 12.6%、8.2%、6.8%，合计超过 1/4，美国、意大利、韩国、土耳其、英国次之，占比分别为 6.5%、5.8%、5.3%、4.7%、4.2%。其中，美国天然气进出口呈现"大进大出"的特点，主要是因为美国天然气市场活跃，通过与加拿大的天然气管道开展贸易，充分利用国际国内两个市场，满足国内局部区域市场需求、缓解特殊时期市场供需冲击，以提高天然气行业的经营效率并获取最佳的经济效益。

展望未来，美国有望取代俄罗斯成为全球第一大天然气出口国，卡塔尔、俄罗斯出口比重预计"一升一降"。 俄乌冲突以来，欧盟停止从俄罗斯进口天然气，欧洲地区天然气进口来源和进口方式均发生转变，从进口俄罗斯的管道天然气，转向进口挪威、阿尔及利亚的管道天然气和美国、卡塔尔等国家的 LNG；美国加大液化天然气产能扩展，

据 IEA 统计，当前约 90% 的 LNG 增量产能位于美国，其余增量大部分位于卡塔尔。从中长期看，挪威、阿尔及利亚的管道天然气产能增长潜力有限，俄罗斯虽然加大对中国等国家天然气出口，但受制于输气管道容量有限，难以完全抵消欧洲市场损失。另外，中国为避免依赖于单一市场，打造了从中亚进入新疆至东部地区、从俄罗斯进入黑龙江至东南地区、从缅甸进入云南至川渝地区、东部海上"四条"天然气进口渠道，形成西北、东北、西南和东部海上"多元化"天然气进口供应格局。

（本节撰写人：冀星沛　审核人：李江涛）

2.5.4　电能

（一）煤电

全球煤电融资渠道日趋受限，技术进口难度持续加大。 长期以来，中国、日本、韩国既是煤电大国也是煤电技术强国，三国合计占海外煤电融资额度的 90% 以上。碳中和愿景下，日本、韩国宣布停止海外煤电投资，2021 年 9 月，中国承诺不再新建境外煤电项目。2022 年，国家发展改革委等四部门发布《关于推进共建"一带一路"绿色发展的意见》，要求全面停止新建境外煤电项目，稳慎推进在建境外煤电项目。据全球煤炭项目融资追踪（Global Coal Project Finance Tracker，GCPFT）平台统计，2022 年，除中国外，全球煤电融资额度仅约 5 亿美元，较 2010 年下降 98.4%。

预计全球煤电装机于 2030 年左右达峰， 在基准情景和净零承诺情景下，全球煤电装机分别在 2035 年、2030 年左右达峰，峰值分别约 25 亿、24 亿千瓦，之后持续下降，2060 年分别降至约 14 亿、13 亿千瓦。在 2℃情景下，全球煤电装

图2-35　2010—2022年除中国外全球煤电融资金额

（数据来源：全球煤炭项目融资追踪）

机2025年前小幅增长，达到23亿千瓦，之后持续下降，2060年煤电装机约5亿千瓦，全部配有CCUS装置，在保留系统惯性和调峰能力的同时具备减排的作用。

分地区看，全球煤电集中分布于欧洲、北美及亚太地区，合计占全球的95%以上。其中：

欧洲：煤电将进入快速下行区间。 2000年以来，欧洲地区年均退役煤电装机200万千瓦，受俄乌冲突影响，德国重启煤电，部分国家放缓机组退役，但随着冲突逐步缓和、天然气供应能力持续提升及新能源有效替代，预计煤电发展将延续下行态势。

北美：美国、加拿大两国煤电大幅退役，墨西哥煤电仍有少量增长空间。 2013年以来，美国停止新建大型煤电，受机组老化、环保政策约束等因素影响，2000年以来，美国、加拿大两国煤电装机容量分别下降了30%、50%以上，根据美国能源信息署（EIA）统计，预计美国约5000万千瓦煤电计划在2029年底前退役；墨西哥尚有140万千瓦的煤电装机处于搁置阶段。

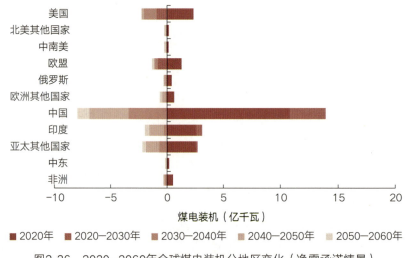

图2-36　2020—2060年全球煤电装机分地区变化（净零承诺情景）

亚太：既是存量又是增量煤电的聚集地。亚太地区煤电装机占全球的比重约 3/4，中国、印度两国占亚太煤电装机的比重约为 85%。对于亚太地区众多后发国家，经济仍有巨大的增长潜力，带动

用电负荷持续增长，煤炭既是资源可获取也是经济可承受的能源品种，且较之发达国家，煤电机组服役时间短、容量参数大、效率水平高，应当充分合理利用煤电优质存量资产，不宜轻言"弃煤"。

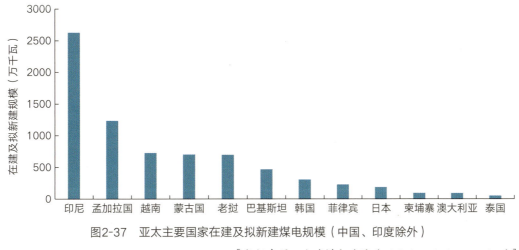

图2-37　亚太主要国家在建及拟新建煤电规模（中国、印度除外）

［数据来源：全球煤电追踪（Global Coal Plant Tracker）］

展望中长期，煤电可通过技术改造由电量主体转变为近零脱碳机组、灵活调节机组和应急备用机组，促进实现电力保供和新能源消纳。**其中，中国**着力推动存量煤电节能减排改造、灵活性改造、供热改造"三改联动"，为极端天气引发的电力供需短缺及调峰资源短缺，"十四五"预计年均新增煤电 6000 万千瓦左右，"十五五"期间仍有一定的增长潜力，预计煤电峰值将达到 14 亿 ~15 亿千瓦，但发电量增长潜力有限；**印度**电力部制定了《国家电力规划》，为保障电力需求，至 2032 年仍需新增 4000 万千瓦煤电装机；**亚太其他国家中，**印尼、孟加拉国在建及拟新增煤电规模均突破千万千瓦，越南、蒙古国等九国预计新增煤电超过百万千瓦。

（二）油电

燃油发电在全球范围逐步减少。2000 年以来，全球燃油发电装机规模平稳下降，发展呈现明

显的地区分化：欧美、亚太燃油发电装机逐步减少，中东、非洲、中南美洲燃油发电装机比重大幅上升。**分类型看，**燃油发电可划分为燃料油（Fuel Oil）发电和油页岩（Oil Shale）发电两种。**分地区看，**燃油发电主要分布于中东地区、美国等石油输出国，以及非洲、中南美洲等欠发达地区；此外，日本燃油发电装机占全球的比重约 10%，在应对短时电力供应短缺时发挥着重要作用（2000年以来，全球燃油发电利用小时数整体呈现下降趋势，2020 年仅为 2800 小时左右）。

展望未来，欧美及亚太燃油发电将保持"只减不增"的态势，日韩等能源资源稀缺国家预计将保留少量燃油发电装机作为应急备用电源；随着用能条件的改善，非洲、中南美洲燃油发电将逐步"止升回跌"，中东地区由于本地资源优势，仍将保持一定的装机规模。在净零承诺情景下，2060 年全球燃油发电装机约 3200 万千瓦，不足当前水平的 10%。

（三）气电

全球燃气发电仍有较大增长潜力。与燃煤发电相比，燃气发电在系统响应速度、建设周期及减碳力度等方面具有明显优势。当前，全球燃气发电装机规划及在建规模约 7.8 亿千瓦，在所有化石能源发电中具有最大的增长潜力。

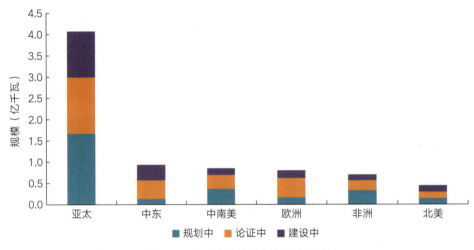

图2-38　全球气电装机规划建设情况

分阶段看，全球气电规划建设多、在建规模小，其中规划中、论证中建设规模分别达到 2.8 亿、2.9 亿千瓦，占比分别达到 35.9%、37.7%，在建规模约为 2.1 亿千瓦，占比为 26.4%。值得注意的是，受制于气源紧张、气价偏高等因素制约，规划中及论证中的电源项目能否顺利推进，仍具有一定的不确定性。

分地区看，亚太地区引领全球气电装机增长，新增规模约 4.1 亿千瓦，占比达到一半以上（52.1%）；中东、中南美、欧洲及非洲次之，占比分别为 12.0%、10.9%、10.3%、9.0%；北美洲预计新增气电最少，约 4500 万千瓦，占比仅为 5.7%。

分国家看，中国、巴西等五国气电新增规模较大。预计中国、巴西、越南、孟加拉国及美国五国新增气电装机规模分别达到 1.6 亿、0.6 亿、0.44 亿、0.41 亿、0.39 亿千瓦，合计占全球的 44.9%。其中，**中国**新增气电集中于广东等沿海发达省份；**巴西**已超越美国成为全球水电装机第二大国家，2021 年受气候异常影响，巴西因严重干旱导致水电出力不足 [6]，为克服水电出力的不确定性，巴西积极推动燃气电站建设；受经济较快发展、本国供电能力不足及碳中和目标影响，**越南**同步推进燃煤及燃气发电建设，2023 年 5 月，越南通过了国家电力发展规划，计划逐步利用燃气电站替代老化燃煤发电，2030 年燃气发电量比重提升至 25%（2022 年为 9.3%）；当前，燃气发电占据了**孟加拉国**约 55% 的发电量，受制于燃料短缺及经济衰退，孟加拉国持续电力供应短缺 [7]，规划电站能否按期投运存在较大不确定性；2023 年 5 月，**美国**环保署提出了新版发电排放条例，要求 2035—2040 年间，化石能源发电机组温室气体排放量需下降 90%，受制于煤电逐步退役、电力需求持续增长，美国仍需新增一定气电以保证电力电量平衡，并部署 CCUS 以达到减排要求。

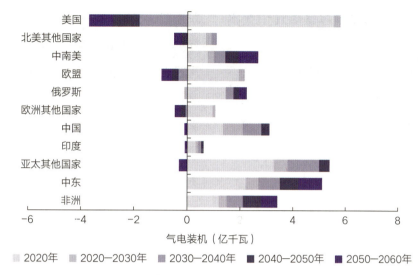

图2-39　2020-2060年全球气电装机分地区变化（净零承诺情景）

分功能看，全球燃气发电定位逐步转向保障供应和灵活调峰。 展望未来，得益于较低的投资成本、更易获得的资源和持续增长的灵活性需求，天然气发电更多用于保障高峰时段电力供应和为可再生能源消纳提供灵活性。在净零承诺情景下，预计2060年全球燃气发电装机将达到约26亿千瓦。

（四）水电

目前全球水电开发程度低，开发潜力大。 据国际水电协会统计，全球水电可开发潜力达到38亿千瓦，目前仅开发了32.2%。**分地区看，** 亚太及欧洲水电开发程度较高，开发率分别为42.2%、57.7%；南美洲、北美及中美洲、中亚及南亚水电开发程度次之，开发率分别为35.8%、29.7%、26.2%；非洲水电开发程度最低，仅为5.9%。

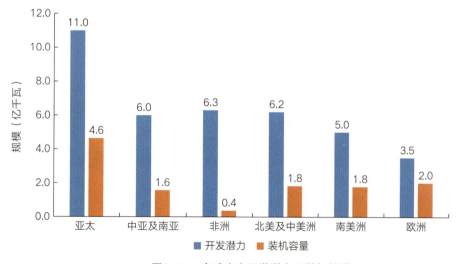

图2-40　全球水电开发潜力及装机规模

（数据来源：国际水电协会）

展望未来，全球水电发展将呈现几个突出特点：

一是开发潜力不断兑现，装机规模持续增长。分地区看，亚太增长容量大，非洲增长潜力足。其中，亚太地区：中国领衔地区水电发展，水能资源可开发装机容量约 6.6 亿千瓦❶，2025 年预计超额完成《"十四五"现代能源体系规划》中 3.8 亿千瓦常规水电的预期目标，随着白鹤滩电站（1600 万千瓦）的投运，未来开发重点集中于雅鲁藏布江下游、金沙江上游、雅砻江中游、黄河上游等流域，预计尚有 1 亿~2 亿千瓦的开发潜力；

东南亚国家中，依托伊洛瓦底江、萨尔温江、湄公河等河流，印尼、缅甸、老挝、泰国、柬埔寨及越南等国家水电仍有较大发展潜力；南亚国家中，印度、巴基斯坦分别计划于 2032 年前、2030 年前新增水电约 4000 万、1400 万千瓦左右。非洲地区：尼罗河、赞比西河、尼日尔河、刚果河具备较大开发潜力。目前，非洲地区已有约 1.2 亿千瓦水电计划建设，但受制于资金短缺、技术因素，多数仍处于待工阶段。在净零承诺情景下，2060 年全球水电装机增至约 23 亿千瓦，较 2020 年增长约 2/3。

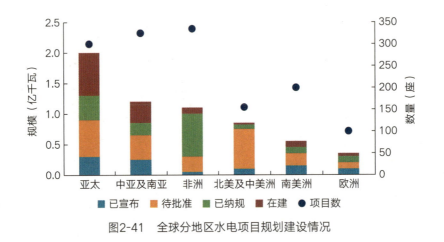

图2-41　全球分地区水电项目规划建设情况

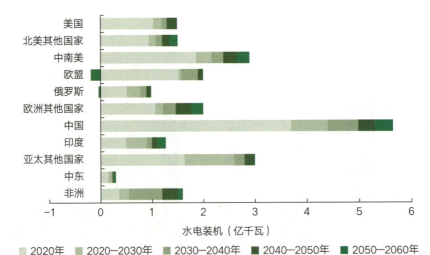

图2-42　2020—2060年全球水电装机分地区变化（净零承诺情景）

❶ 《水电发展"十三五"规划》。

二是水电开发逐步呈现常规水电与抽水蓄能电站并重的态势。主要国家及地区中，中国：制定了《抽水蓄能中长期发展规划（2021—2035 年）》，提出到 2025 年，抽水蓄能投产总规模 6200 万千瓦以上；到 2030 年，投产总规模 1.2 亿千瓦左右；**印度：**《国家电力规划》（National Electricity Plan 2022—2032）提出 2026—2027 财年、2031—2032 财年抽水蓄能规模将分别达到 745 万、2669 万千瓦；**欧洲：**根据国际水电协会统计，未来超过 90% 的水电项目为抽水蓄能；**美国：**2023 年 10 月 11 日，美国能源部发布新版《水电愿景路线图》（Hydropower Vision Roadmap），提出到 2050 年，美国水电的发电和存储总容量预计从目前的 1.0 亿千瓦增长到近 1.5 亿千瓦，其中新增水电中 70% 以上为抽水蓄能电源。

三是小水电将在助力实现零碳目标、改善欠发达地区用能品质等方面发挥重要作用。小水电属于清洁能源，从源头上直接实现了"零碳"，并且具有较高的稳定性和灵活性。**从通电现状看，**据世界银行统计，2021 年全球通电率达到 91%，其中，撒哈拉以南非洲地区国家通电率仅为 50.6%，约 6 亿人至今无电可用；**从资源现状看，**撒哈拉以南非洲地区拥有尼罗河、刚果河、赞比亚河、尼日尔河、维多利亚湖、坦噶尼喀湖等众多水系；**从小水电开发潜力看，**根据联合国工业发展组织统计，非洲地区小水电开发潜力达到 1539 万千瓦，已开发 69.5 万千瓦，开发率仅为 4.5%；**从小水电开发优势看，**受限于资金短缺，非洲地区大型水电建设缓慢，小水电由于建设成本相对较低、工程周期相对较短，可与地区风电、太阳能发电形成互补，提升地区用能品质。

（五）核电

建设规模稳步增长。从装机规模看，随着新能源的高速发展，全球核电装机容量已由仅次于火电、水电的第三大电源类型退居为火电、水电、风电、太阳能发电之后的第五大电源类型；**从装机比重看，**全球核电装机占总装机的比重已由 2020 年 10% 下降至当前的 5% 左右；**从装机增速看，**2000 年以来，全球核电装机年均仅增长 0.6%，其中，中国引领全球核电装机增长，年均增速达到 16.6%，排除中国后，全球核电年均减少 0.04%。

发挥作用不可或缺。从利用小时数看，全球核电平均利用小时数常年维持在 6500~7000 小时之间，分别为全球煤电、气电、水电平均利用小时数的 1.4、2.0、2.1 倍；**从发电量比重看，**核电以 5% 左右的装机容量提供了全球近 10% 的发电量；**从保供减排看，**核电作为提供稳定电力、零碳电量的清洁能源之一，对于确保电力保供、电力减碳至关重要。

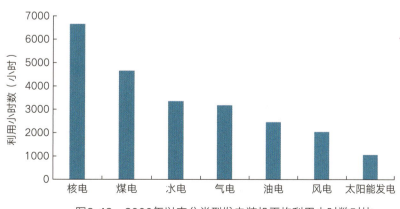

图2-43 2000年以来分类型发电装机平均利用小时数对比

未来发展不容忽视。一是核能技术攻关加快推进。各国对以超高温气冷堆、气冷快堆、钠冷快堆等为代表的第四代核能技术持续攻关[8]，2022年12月，美国劳伦斯利弗莫尔国家实验室首次成功在核聚变反应中实现净能量增益；2023年8月25日，新一代人造太阳"中国环流三号"首次实现100万安培等离子体电流下的高约束模式运行，再次刷新中国磁约束聚变装置运行纪录。**二是核能应用领域不断拓展。**2022年7月，IAEA、世界核协会、美国爱达荷国家实验室等在内的全球50多家国际组织、研究机构、核电运营商和先进反应堆技术开发商等联合成立"核能制氢倡议"联盟，合作推进核能制氢技术的商业化应用；山东海阳与浙

江海盐核能供暖项目正式投运；我国首个工业用途核能供汽工程在江苏田湾开工建设，核能综合利用领域进一步拓展。**三是核电国家数量持续增长。**埃及、土耳其、孟加拉国三国即将迈入核能发电行列，其中埃及达巴核电站、土耳其阿库尤核电站、孟加拉国鲁普尔核电站在建规模分别为360万、480万、240万千瓦。值得注意的是，2024年4月德国将退役核电405.5万千瓦，成为首个退核国家。在净零承诺情景下，2060年全球核电装机增至约10亿千瓦，主要得益于发展中国家核电装机持续增长，其中中国积极安全有序发展核电，合理确定站址布局和开发时序，2030年装机规模达1.2亿千瓦，2060年装机总规模增至4亿千瓦以上。

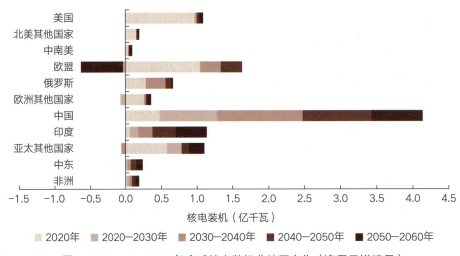

图2-44　2020—2060年全球核电装机分地区变化（净零承诺情景）

（六）非水可再生能源发电

风电、太阳能发电将成为全球的主体电源。当前，可再生能源的发电利用规模要远高于直接利用（如生物燃油、地热加热等），全球约有150个国家就可再生能源发电制定了具体目标，主要集中在光伏发电、陆上风电及海上风电，加快发展风电、太阳能发电。其中，中国提出了两批大型风电光伏基地建设项目清单，加快可再生能源发展进程。

在净零承诺情景下，2060年全球风电装机规模约100亿千瓦，约占2060年全球总装机的1/4；太阳能发电装机规模约250亿千瓦，约占2060年全球总装机的3/5；生物质能发电、地热发电、太阳能光热发电等平稳发展，主要是项目筹备时间较长、对资源和站址要求较高，2060年合计近10亿千瓦。

（本节撰写人：冀星沛　审核人：李江涛）

2.5.5 生物质能

全球生物质能源的发展具有明显的聚集特性。分地区看，全球生物质能消费格局具有"四三二一"的布局特点。即亚洲、非洲、美洲、欧洲分别占全球生物质能消费的40%、30%、20%、10%；**分国家看，**印度、尼日利亚、中国、美国、巴西五国生物质能源消费量合计占据全球的一半，比重分别为17%、10.8%、8.0%、7.9%、6.3%；**分领域看，**居民生活、工业、交通各占据全球生物质能源消费的60%、20%、10%左右，其中，不同地区生物质能源用途差异显著，非洲、亚洲地区90%、70%的生物质能源用于居民生活，用于交通领域的比重仅为0%、4%，美洲、欧洲地区生物质能源用于交通的比例达到30%、20%，显著高于其他地区。

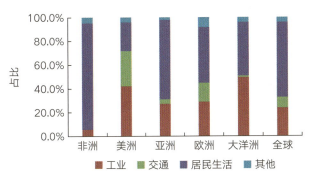

图2-45 全球分区域分领域生物质能源消费情况

展望未来，生物质能源的发展趋势具有以下几个特点：

一是传统生物质能源逐步让位于其他能源品种。受益于全球经济发展持续提升与能源转型稳步推进，非洲、亚洲等地区欠发达国家民生所用的薪柴、秸秆、稻草等传统生物质能源将持续被电能、天然气等高品质能源替代。分领域看，居民生活领域与交通领域生物质能源消费比重将"此消彼长"。

二是现代生物质能源具有较大的发展潜力。全球多国制定政策法规鼓励推动生物质能发展应用。其中，巴西、印度和美国通过制定长期战略、发出积极的投资信号，加大推广生物质能源的生产和应用。中国在《"十四五"可再生能源发展规划》中提出了稳步推进生物质能多元化开发的政策信号。2023年9月G20峰会期间，印度宣布与美国、新加坡、孟加拉国、意大利、巴西、阿根廷、毛里求斯和阿联酋等国成立全球生物燃料联盟（Global Biofuels Alliance，GBA）。

三是不同类型现代生物质能源品种发展前景差异显著。现代生物质能源发展关键影响因素主要包括生产原料的易获取性、加工转换技术的成熟度、能源成本的比较优势、国家政策扶持力度等。

燃料乙醇：美国、巴西产量断档式领先。燃料乙醇的主要原料是农作物，美国、巴西既是全球重要的粮食生产国，也是主要的出口国，目前燃料乙醇产量合计超出全球的80%，除本国自用外，同时出口至欧洲地区，未来，通过持续推广乙醇汽油，燃料乙醇仍有一定的发展潜力。**中国：**在"不与粮争地、不与民争粮"的原则下，有序发展以粮食（主要是陈化粮）为原料的燃料乙醇，积极推动发展纤维素等非粮燃料乙醇。**印度：**燃料乙醇的主要原料是甘蔗，莫迪总理宣布，为了减少污染并降低对进口原油的依赖，印度的生物燃料乙醇的掺混比例要在2025年达到20%，较2020年所提目

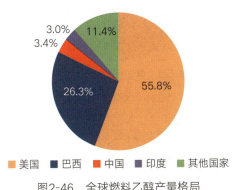

图2-46 全球燃料乙醇产量格局

标提前 10 年；2023 年 8 月，全球首辆全乙醇动力汽车在印度新德里亮相。

生物柴油： 当前生物柴油的生产集中于欧洲、美国、印尼和巴西，占全球产量的比重分别约为 30%、19%、18%、13%；从生产原料看，欧盟以菜籽油为主，美国、巴西主要以大豆为原料，印尼以棕榈油为主。**展望未来，** 生物柴油具有较大的增长潜力，对于重型车辆、航运的减碳至关重要。**分国家看，欧盟：** 限制以"粮食和饲料"为原料的传统生物质燃料的发展，2022 年 6 月 9 日，欧洲议会环境委员会投票通过，在 2023 年前逐步淘汰基于棕榈和大豆的生物燃料。**印尼：** 加大生物柴油产量，并计划将生物柴油的掺混率由此前的 30% 提升至 35%。**美国、巴西：** 持续提升生物柴油掺杂比例，3 月 17 日，巴西国家能源政策委员会发布法令，批准自 4 月起将生物柴油强制掺混比例从 10% 增至 12%，2024 年增至 13%，2025 年增至 14%。**中国：** 2023 年 11 月，国家能源局发布了《关于组织开展生物柴油推广应用试点示范的通知》，拓展国内生物柴油的应用场景，探索建立可复制、可推广的政策体系、发展路径，逐步形成示范效应和规模效应。

图2-47　2021年全球生物柴油产量格局

生物航空煤油： 航空业能源消费品种单一、减碳难度巨大，单纯依赖于发动机技术创新、优化飞行线路与机场布局等途径减排潜力相对有限；同时，电动飞机和氢能飞机等颠覆性技术虽然前景广阔，但仍将长期处于技术研发与验证阶段。因此，发展可持续航空燃料（Sustainable Aviation Fuels，SAF）已成为现阶段技术可实现、应用可推广的最有潜力减排措施。SAF 主要由废油脂、农林废弃物、城市废弃物、非粮食作物等加工合成而来，与当前航空燃料同属于煤油型燃油，几乎无须对现有飞行器及航空基础设施进行额外改造，同时 SAF 可减少 80% 的 CO_2 排放。2021 年，国际航空运输协会（IATA）通过了全球航空运输业于 2050 年实现净零碳排放的决议。目前已有多个政府机构推出明确的 SAF 支持政策，如欧盟 ReFuelEU、美国《"SAF 大挑战"行动计划》等，推动 SAF 的全球供需规模快速增长。中国政府在推动航空碳减排方面态度明确，民航局《"十四五"民航绿色发展专项规划》提出了 2025 年当年 SAF 消费量达到 2 万吨、累计消费量达到 5 万吨的发展目标。

（本节撰写人：冀星沛　审核人：李江涛）

2.5.6　氢能

氢能在能源体系中的战略地位已得到确认。主要国家中：

美国加快推进氢能发展。 美国起步最早，1970 年提出了"氢经济"概念，将氢能源作为中长期战略技术进行储备；碳中和目标提出后，进一步将氢能视为国家能源战略体系的关键部分；2021 年 11 月，美国通过实施《两党基础设施法案》（BIL），授权为美国能源部拨款 95 亿美元用于发展清洁氢气战略；2022 年 8 月，美国通过了《通胀削减法案》，提出了关于发展氢能战略予以税收抵免的举措；为落实相关法案要求，2023 年 6 月，美国能源部发布了发展清洁氢气的战略和路线图，提出了到 2030 年、2040 年、2050 年清洁氢能产量分别达到 1000 万、2000 万、5000 万吨的目标。

中国积极稳妥推进氢能发展。中国是目前世界上最大的制氢国，2022 年 3 月，国家发展改革委、国家能源局联合印发了《氢能产业发展中长期规划（2021—2035 年）》，明确了氢能是未来国家能源体系的重要组成部分、是用能终端实现绿色低碳转型的重要载体、是战略性新兴产业和未来产业重点发展方向的战略定位，并提出 2025 年燃料电池车辆保有量约 5 万辆、可再生能源制氢量达到 10 万～20 万吨 / 年的发展目标。

日本全面推进氢能应用。2017 年，日本公布《基本氢能战略》，旨在打造"氢能社会"，实现氢燃料与其他燃料的成本平价；2019 年，日本又公布了《氢能利用进度表》，明确了 2030 年前氢能应用的关键目标；2023 年 6 月，日本政府颁布了修订后的《氢能基本战略》，计划 2040 年氢用量增长 6 倍至 1200 万吨；同时，公共和私营部门也将在未来 15 年共同投资 15 万亿日元推广氢能应用。

欧盟同步推进氢能发展与法规标准建设。2020 年 7 月，欧盟发布《欧盟氢能战略》，计划分三个阶段实现氢能在欧洲的实际应用：2020—2024 年，欧盟将建成至少 6 吉瓦的电解槽，可再生能源制氢能力达到 100 万吨 / 年，并积极开拓氢能在各个终端领域的应用；2025—2030 年，电解槽建设量扩大至 40 吉瓦，可再生能源制氢能力达到 1000 万吨 / 年，改造现有天然气设施并建成泛欧洲的绿氢输送管网，实现与周边地区的绿氢国际贸易；2030—2050 年，绿氢产业完全成熟，大量推广使用绿氢合成燃料。2023 年 3 月，欧盟委员会推出"欧洲氢能银行"计划，对首批拍卖的可再生能源制氢生产试点项目进行固定溢价形式的补贴；2023 年 2 月，欧盟通过《可再生能源指令》详细定义了"绿氢"的构成，有助于提升欧盟在氢能标准制定与话语权方面的影响力。

其他国家中，澳大利亚、新西兰由于本国新能源资源丰富，计划打造地区氢能出口枢纽。其中，2019 年 11 月，澳大利亚发布《国家氢能战略》，并通过与新加坡、德国、日本、韩国及英国发展国际伙伴关系来促进氢出口；新西兰已与日本签署了合作备忘录，就合作开发氢技术和向日本出口绿氢达成协议。中东及非洲多国计划充分利用其区位优势、资源优势及成本优势加大氢能生产布局、抢占氢能出口市场。其中，沙特阿拉伯计划到 2030 年生产和出口 400 万吨氢气，阿联酋宣布了其氢能领导路线图，阿曼计划成为全球最大的绿色氢气生产国和出口国之一，到 2030 年可再生氢产量达到 100 万吨，埃及政府提出了总额高达 400 亿美元的氢能发展战略，摩洛哥计划兴建长达 5600 千米的绿氢管道。

氢能作为一种新兴能源品种，具备极大的发展潜力，预计其生产、传输及消费将实现三个转型：一是生产方式上，从以化石能源制氢为主转向可再生能源制氢；二是从运送方式上，从以道路交通为主转向管道、海运与道路多元化运输方式；三是从应用领域上，从以工业消费为主转向交通、工业及发电协同发展。在净零承诺情景下，2030 年低碳氢能产量有望接近 3000 万吨，2060 年有望达到近 3 亿吨。在工业领域，低碳氢能占比逐步提高，主要是替代煤炭；在交通领域，氢能主要用于重型卡车，满足其对较高能量密度的需求；在建筑领域，低碳氢能成为极寒或偏远地区供暖的一种选择。在运输环节，氢气被混合注入天然气供应网络，在节约基础设施投资的同时扩大生产消费规模。

（本节撰写人：冀星沛　审核人：李江涛）

2.6　分部门用能趋势

2.6.1　工业部门

全球尚未达到工业材料需求的峰值。到 2030年，在净零承诺情景下，工业部门终端能源消费比基准情景低近 10%。在基准情景下，随着印度、中国等亚洲国家和非洲国家城市化和工业化进程加快，全球对工业材料需求持续提高，到 2030年、2060 年全球粗钢产量将分别较 2022 年增长10%、35% 左右。在净零承诺情景下，虽然各种材料的使用效率都有所增加，但受需求持续增长拉动，主要工业产品的产量仍将保持增长态势。

工业部门控制能源消费的核心途径是提高能源和材料的使用效率。能源效率的提高贡献了净零承诺情景中能源节约量的一半，材料使用效率的提高降低了对材料的生产需求，对能源节约量贡献了近20%，主要措施包括增加设备和基础设施的轻量化和延长寿命，并支持产品再利用和再循环。这些措施在短期内尤其重要，有助于推动低排放技术达到成熟和规模化的同时促进生产能力持续增长。目

前工业中约 65% 的电力用于驱动泵、风扇、压缩空气系统、材料处理、加工系统等电机驱动系统，将成为未来工业领域最大的电力需求来源。通过升级电机本身或者改进驱动系统可以提高能源利用效率，如缩小电力容量以满足所需的服务。

在所有情景下，工业领域各行业电气化水平都会增加。在净零承诺情景下，2030 年煤炭在钢铁行业总需求中的份额下降到 60%；2060 年，受二次钢产量增加和电解制氢需求增加的推动，电力需求占比达到近 70%。电窑炉的使用在 2040 年得到普及，电力消费在水泥行业终端消费中将从当前的 12% 增加到 2060 年的 30% 以上。轻工业中超过 20% 的电力用于取暖，电力消费到 2030 年上升到 800 太瓦·时，2060 年将上升到 1700 太瓦·时。初级铝生产的用电量在 2040 年将增加至700 太瓦·时，随着铝废料循环利用率的扩大，铝的二次利用将导致用电量下降。

图2-48　钢铁和水泥行业分品种能源消费

随着氢能在工业领域需求的增加，电解氢将会增加大量的用电需求。在净零承诺情景和2℃情景下，氢能将会在各种重工业的辅助工艺中得到应用，并且应用范围越来越广，如钢和铝的半精加工，钢铁、氨和甲醇生产等。因此，未来电解氢对电力需求量将大幅增加，电力消费在化工行业终端能源消费中的占比将从目前的10%增加到2030年的15%、2060年的45%左右。到2060年，可再生能源的直接使用约占终端消费量的19%，商用氢气约占10%。

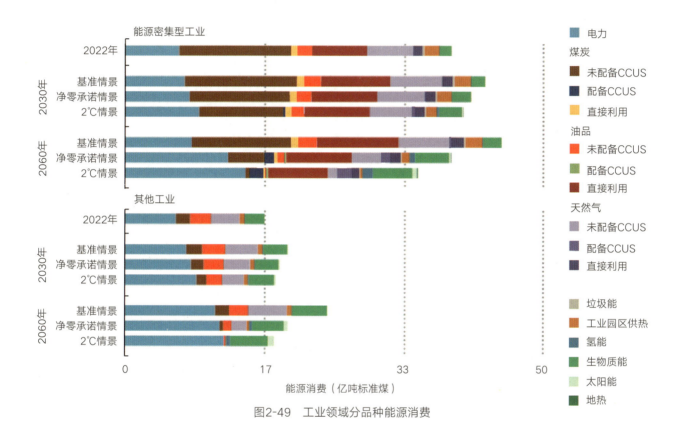

图2-49　工业领域分品种能源消费

（本节撰写人：张玉琢　审核人：李江涛）

2.6.2　交通部门

电气化和低排放燃料使用是交通领域减排的关键。随着新兴市场和发展中经济体经济和人口的增长以及生活水平的提高，客运和货运的流动性需求增加。在基准情景下，到2030年，全球铁路运输里程增加36%，航运里程增加近20%，航空运输里程比当前增加1倍。在净零承诺情景下，客运和货运活动预计到2060年将增加1.5倍以上。交通运输部门的脱碳主要取决于两个变化：一是电气化水平提升，特别是在道路运输中使用电动汽车、氢燃料电池电动汽车，以及电气化铁路占比提升。在净零承诺情景下，通过增加高铁里程和改变人为交通习惯可以有效减少汽车排放15%的二氧化碳和减少20%的航空活动。二是混合和直接使用低排放燃料，如生物燃料、氢和氨基燃料，特别是在航空和航运领域。

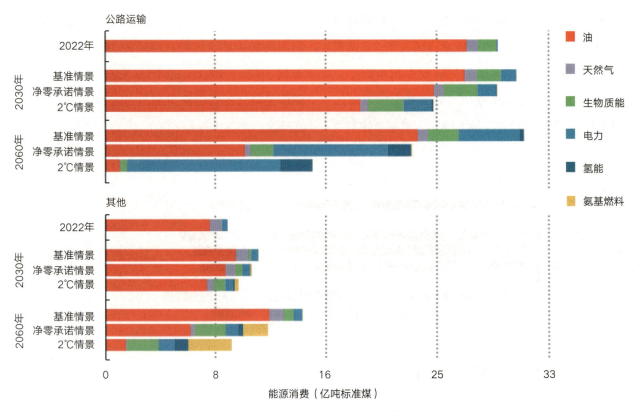

图2-50　交通领域分品种能源消费

电动车应用逐步提升，电动重卡需进一步得到政策支持。 在燃油车辆的淘汰和电动车激励措施的支持下，全球新能源客车将增长 20% 左右，新能源公交车将增长 17% 左右。在基准情景下，公路运输的电力需求增长 12 倍以上，在净零承诺情景下增长 15 倍以上。目前，各国针对电动重卡的政策支持较少，其发展速度不及新能源汽车，但未来电动重卡的占比将大幅提升，特别是作为中型卡车和其他路线相对较短、较固定的车辆。在基准情景下，电动卡车的市场份额从目前全球卡车销量的 3% 上升到 2030 年的近 20%，在净零承诺情景下上升到 25%。

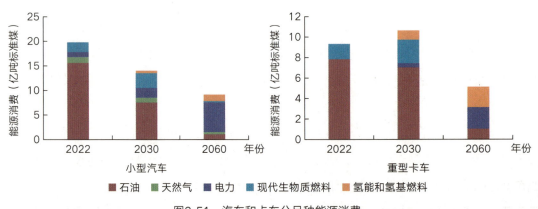

图2-51　汽车和卡车分品种能源消费

"电代油"在交通运输中的作用最为明显。到2030年，石油在道路运输能源需求中的份额从当前的92%分别下降至基准情景、净零承诺情景、2℃情景下的88%、84%、78%。其中，铁路运输的电气化水平最高并且持续增长，石油在铁路能源需求中的份额从当前的53%下降到基准情景和净零承诺情景下的46%和40%。在2℃情景下，电气化水平进一步加快，到2030年，石油在铁路总需求中的比例降低到30%左右。在船舶、航空运输能源需求方面，到2030年，基准情景和净零承诺情景下的石油份额都保持在接近当前85%的水平，在2℃情景下降至75%左右。

生物煤油等新型燃料将逐步应用。欧盟决定将航空运输碳排放纳入欧盟碳排放交易系统，促进了航运脱碳的努力。在基准情景下，生物煤油在2030年占航空总能源需求的2%，在2060年为8%，而在净零承诺情景下分别超过5%和41%，在2℃情景下分别为11%和70%。在2060年，2℃情景下的合成煤油需求几乎是净零承诺情景水平的2倍。在净零承诺情景下，到2030年，石油在航运中能源需求中的份额将降至80%，天然气和生物能源占航空运输能源需求的6%，氨、氢、电和合成甲醇占比达到4%。

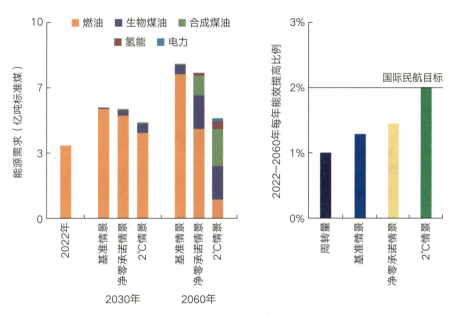

图2-52　航空运输分品种能源消费

（本节撰写人：张玉琢　审核人：李江涛）

2.6.3　建筑部门

建筑能源需求下降压力较大，能效提升起到最关键作用。在基准情景下，全球建筑能源需求在2030年增加到近47亿吨标准煤，2060年达到56亿吨标准煤，主要是因为家庭数量从当前的22亿增加到2060年的34亿，其中非洲和亚太地区的增长最大。全球住宅建筑的建筑面积从当前的约

2000 亿米²扩大到 2060 年的 3300 亿米²。净零承诺情景下的建筑能源需求比基准情景低 12%。在基准情景下，2060 年约 50% 的存量建筑和新建建筑将按照各国建筑能源法规或零碳建筑标准进行改造和建造，如欧盟建筑能源性能指令的更新、

美国联邦建筑的新标准，以及中国城市化和农村发展的碳达峰碳中和目标。在净零承诺情景下，这一比例超过 65%。2030 年，在基准情景、净零承诺情景、2℃情景下，建筑用能效率分别提高 15%、36%、66%。

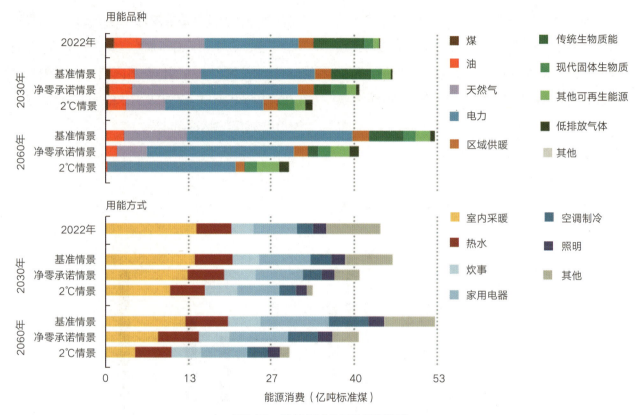

图2-53　建筑领域分品种能源消费

建筑电气化逐步提升，是建筑实现碳减排的重要手段。当前，电力消费占建筑行业最终能源消耗总量的 34%，占比最高，其次是天然气，占 23%。到 2030 年，能源效率、电气化和行为改变为建筑部门提供 80% 的减排量。在基准情景、净零承诺情景、2℃情景下，电力在建筑行业能源需求中的份额都大幅增长，从当前的 35% 分别上升到 2030 年的 40%、43%、48%。在基准情景下，建筑电气化和可再生能源取代传统能源的利用导致建筑部门的二氧化碳排放减少 1.4 亿吨。在净

零承诺情景下，以化石燃料为主的所有终端用能都日益电气化，到 2060 年，液化石油气在一些新兴市场和发展中经济体的烹饪中仍然发挥着有限的作用，但 95% 的烹饪能源需求由电力和现代生物能源满足。煤炭、石油和天然气几乎完全停止用于建筑供暖。

可再生能源在建筑用能中的直接使用将大幅提升。总体上，可再生能源的直接使用从 2022 年的约占建筑能源需求的 6% 上升到 2060 年的近 40%，其中约 67% 的增长是以太阳能和地热能的

形式出现的。在净零承诺情景下，建筑中使用的可再生能源主要用于水和空间供暖，其中太阳能热能的增长最大。在供暖需求高、城市人口密集、区域供热网络复杂的地区，生物甲烷、氢气和合成氢基燃料等将发挥更大的作用。可再生能源也用于烹饪，到 2060 年，各种形式的现代生物能源可满足 50% 的烹饪能源需求。

图2-54　建筑采暖和烹饪分品种能源消费

建筑用能脱碳主要依靠供暖脱碳。建筑的空间供暖和水加热能源消费约占建筑总能源需求的 45% 和二氧化碳排放的 80%。在基准情景下，2030 年化石燃料仍需满足 50% 的建筑供暖用能需求，到 2060 年下降至 30%，供暖能源消费产生的碳排放为每年 15 亿吨。通过电力和可再生能源供暖，以及通过提高用能设备效率可以实现建筑脱碳。在净零承诺情景下，热泵的使用将高度电气化并替代化石燃料锅炉，至 2060 年将累计节省 230 亿吨碳排放。

（本节撰写人：张玉琢　审核人：李江涛）

3

专题研究

3.1　全球能源政治经济格局深刻调整

全球能源政治经济格局处于新的调整期。主要特征是能源供应偏紧，能源贸易格局持续调整，主要供需国能源关系分化组合，主要国家能源地缘政治博弈加剧，能源转型中的电力系统脆弱性问题愈发突出。

3.1.1　全球能源贸易格局持续调整

俄乌冲突后，欧洲国家减少对俄罗斯能源进口，俄罗斯能源出口重心向东转移，美国则大幅增加对欧洲的能源供应。 随着美欧等对俄罗斯能源制裁措施的陆续生效，2023 年延续这一趋势。2022 年下半年以来，欧洲更加坚定了摆脱对俄罗斯能源依赖的决心与信心。俄乌冲突的影响已成为常量而非变量，无论冲突以何种方式结束，都难以改变其已然造成的全球能源贸易格局的调整趋势。

俄乌冲突以来，欧盟从俄罗斯进口的化石燃料一直在稳步下降，2023 年以来更是如此。 按货币价值计算，俄乌冲突爆发到 2023 年 10 月，欧盟进口俄罗斯化石燃料约 1900 亿美元，中国的进口额约为 1500 亿美元。而 2023 年 1—10 月，欧盟进口俄罗斯化石燃料约为 290 亿美元，中国的进口额约为 790 亿美元。从 2023 年 9 月的数据来看，中国成为俄罗斯化石燃料的最大进口国，占俄罗斯化石燃料出口总额的 46%，其次分别是印度（20%）、土耳其（17%）、欧盟（13%）和巴西（4%）。与此同时，美国对欧盟的能源出口强劲增长。2022 年美国对欧盟的 LNG 出口约为 4000 万吨，是 2021 年的 2 倍多，而 2023 年前 9 个月的出口达到了 3350 万吨，较 2022 年同期又增长了 5.4%。欧盟已是美国 LNG 第一大出口方，占美国出口总量的 60% 以上。

能源贸易格局调整下能源供应继续偏紧，全球能源市场总体高位运行。 受能源运输基础设施短缺等影响，俄罗斯减少的对欧洲的能源出口，难以在短期内通过对其他地区的替代出口补偿。由于俄罗斯出口欧洲的石油及煤炭的全球供应占比较低，且中东产油国拥有富余产能，中国、印度、印尼等国煤炭产量在 2023 年增长明显，2023 年供应偏紧主要表现在天然气方面。2023 年前三季度，俄罗斯出口欧洲的天然气减少了约 380 亿米^3，而全球供应增加仅为 110 亿米^3 左右。相对于 2022 年，2023 年天然气供应形势已有所缓解，前三季度欧洲及亚洲 LNG 平均价格相比 2022 年同期分别降低了 70% 与 60%，但仍然是俄乌冲突前的高位。全球能源供应持续偏紧情况下，2023 年前三季度全球上游油气投资有所增长，预计全年可增长 10% 以上，但短期内投资难以带来供应的增加。

3.1.2　国际能源政治关系面临重塑

全球能源贸易格局深刻调整，能源供需进入非均衡的不安全态，主要供需国家能源战略重新定位，能源相互依赖关系分化组合，由此推动全球能源权势的深刻调整。

全球化石能源治理功能弱化。 国际能源署与"欧佩克＋"是全球化石能源治理的主要国际机制，两者存在一定程度的协调，加之美国的影响及干预，很大程度上决定着国际能源市场走势，也在稳定市场方面发挥了一定的作用。但当前形势下，中东能源生产国权势明显上升，"欧佩克＋"寻求市场份额与市场主导，美国对沙特阿拉伯等主要欧佩克国家影响力下降，以往的协调机制逐步瓦解。天然气格局正在由区域贸易为主向全球性贸易的方向发展，但当前消费国对天然气进口存在较大的竞争关系，加之复杂的政治关系，尚难以形成广泛的且行之有效的国际天然气治理机制。

俄罗斯能源权势明显下降。俄欧能源依赖关系已发生结构性变化，欧洲正通过能源进口替代、能源节约、提高能效等措施大幅降低对俄罗斯能源的进口，俄罗斯在对欧美外交中难以使用能源施压手段。俄罗斯正在寻求其能源出口替代，但其能源出口将更加分散，对世界其他地区难以形成以往对欧洲的影响力，其"能源武器化"效力将明显下降。另外，俄欧能源关系不是简单的欧洲对俄罗斯的能源依赖，而是相互依赖，俄罗斯能源行业对欧美发达国家的投资、技术也依赖较深。俄罗斯也将为能源脱钩付出较大代价，尤其是在制裁下能源领域关键技术、设备的缺乏将对俄罗斯能源发展造成较大掣肘，甚至影响能源安全。

美国能源权势明显上升，但其能源美元霸权地位正不断削弱。美国从最大能源进口国转变为最大的油气出口国之一。俄乌冲突后，美国与欧盟建立美欧能源安全联合工作组，就美国 LNG 出口能力发展、美欧 LNG 基础设施加强、美欧能源贸易监管环境与许可前景等问题开展紧密合作，极大促进了美国对欧盟的 LNG 出口。一方面，欧盟对俄罗斯的能源依赖快速地转向了对美国的依赖，欧美跨大西洋能源共同体隐然浮现，美国对欧盟能源权势大幅提升，进而增强其对欧盟的政治影响力。但另一方面，由于美国联合欧盟等国对俄罗斯施加严厉的能源与金融制裁，在打击俄罗斯能源出口的同时，也迫使其能源贸易结算的"去美元化"。2023 年 4 月，俄罗斯政府表示，俄罗

斯大多数能源交易已经开始使用人民币和卢布进行结算，未来则完全放弃欧元和美元。2023 年 9 月，能源巨头俄罗斯天然气工业股份公司下属的天然气工业石油公司表示，其在原油贸易几乎完全放弃了美元和欧元。除了俄罗斯以外，许多能源生产国也在考虑"去美元化"。沙特阿拉伯、伊朗、伊拉克等产油国均在积极推动以人民币结算其石油贸易，中国与海湾国家联合会正积极合作，充分利用上海石油天然气交易中心平台，开展油气贸易人民币结算。

3.1.3　清洁能源地缘政治博弈日益凸显

2023 年，美欧等国政府及七国集团（G7）、美欧贸易技术委员会（TTC）等多边机制不断加码清洁能源议题合作，新的政策陆续出台，逐步形成跨大西洋及印太地区广泛的友邦合作网络，进行资源掌控、技术主导、出口管控等，以提升其产业竞争力与主导权。

推行清洁能源产业本土化。继 2022 年 8 月美国通过《通胀削减法案》（IRA）后，欧盟在 2023 年 2 月发布《绿色协议工业计划》，支持本土清洁能源产业发展，提出到 2030 年将光伏和电池等关键绿色工业的本土产能提高到 40%。在此基础上，欧盟正加快推动《关键原材料法案》，计划到 2030 年，每年关键原材料至少 10% 的供应、40% 的加工、15% 的回收来自欧盟本土。2023 年 3 月，美国总统拜登与欧盟委员会主席冯德莱恩进行了会晤，指出 IRA 将适用于来自欧盟提取和加工的矿产，双方承诺增强彼此政策措施的透明度，以避免造成双方间的恶性竞争。

推动清洁能源供应链合作的阵营化。在资源端，美国与其伙伴国的协调不断机制化，加强与资源国接触合作，以左右全球关键矿产勘探、开发及

贸易，通过政治影响、技术援助等手段获取在资源国更大的开发权及贸易份额。2023 年 3 月，美国与欧盟协商在 G7 内建立"关键矿产买家俱乐部"。这实际上是要建立一个联合采购机制，是防止俱乐部国家无序竞购、减少内部摩擦的机制设计。该俱乐部的下一步，将同非洲、亚洲或拉丁美洲矿产丰富的国家接触，并寻求与它们达成协议。这将以更具战略性的方式利用美欧的市场需求，促进对更广泛供应链的投资，以寻求市场主导地位。在加工制造回收等环节，美国及其伙伴国强化彼此优势互补提升供应链韧性，不断加大相互投资，以补强各自供应链短板。比如，澳大利亚在美国投资建设重稀土冶炼分离生产线，美国、日本、澳大利亚等着力在印度打造绿氢制造、分销和储存基地等。

加强清洁能源相关技术标准的主导权。 美国及其伙伴国不断加强其阵营内部技术标准制定的立场协调。2023 年以来，美欧 TTC 专设的气候和清洁技术工作组，明确要加强美欧在清洁能源技术标准制定方面的信息共享，增进彼此标准的趋同性与互认，并就电动汽车充电基础设施等标准进行紧密合作。成立于 2022 年 12 月的"可持续关键矿产联盟"，正就矿产领域制定更高的开采及贸易标准展开密集磋商合作，包括保护生态多样性、支持多样化与包容性的劳动力、尊重劳工福祉等。

加强清洁能源技术出口与投资管控合作。 美欧 TTC 专设出口控制合作小组，清洁能源是该小组重要的合作领域，涉及出口控制看齐、改进信息分享、评估敏感技术和新兴技术的风险等议题，协调确定出口控制合作的共同准则和领域，就技术出口形成趋同的管控路径。2023 年以来，美国和欧盟加强与第三国的接触，以打击逃避对敏感物项的出口限制，并正在开展相关能力建设行动，使第三国能够更有效地解决规避出口管制的问题。

3.1.4 电力安全供应问题愈发突出

全球能源转型进程中的电力安全供应问题愈发突出。 近两年的国际能源危机的一个突出表现就是许多国家电价飙涨、供应紧张。2021 年下半年以来的欧洲多国以及 2022 年的日本、印度等国，均出现了不同程度的电力供应危机，2023 年比较典型的则是南非、越南等国出现的大面积停电事件。

电力供应短缺频发凸显了能源转型中的电力系统脆弱性问题。 能源转型阶段的不安全是天然的、内生的，根植于能源系统的复杂演进。从最初简单能源供给—需求系统，到当前供给侧多能互补、传输侧系统网联、消费侧互动嵌入为主要特征的综合能源复杂系统，能源供需系统已经从简单的线性供应发展为复杂网络，系统脆弱性不断上升。如何统筹能源转型与安全，实现可再生能源对化石能源的合理有序替代是各国面临的重大"考题"，尤其是电力系统将承受巨大的挑战。

南非、越南等国的电力危机也凸显了新兴经济体的电力体制机制问题。 2023 年 2 月，南非宣布国家因持续的电力短缺而进入危机状态，而南非不同程度的电力危机已持续了 10 余年。5 月，越南开始出现供电短缺，并持续恶化、扩大，最严重时越南北方工业园区几乎全部断电。尽管越南各方多措并举，加紧应对，但危机仍旧持续 40 多天，直至 6 月下旬才得以缓解。南非、越南电力危机的直接原因与经济快速发展下电力需求增长、火电顶峰出力受限等因素有关，也暴露了其电力设备老化、电力投资建设明显不足等问题，而这又与电力体制改革未有突破性进展以及电力管理体制低效紧密相关，包括主要电力公司常年腐败、亏损，政府能源监管部门、电力公司、国会等之间对电力规划及投资的相互掣肘等，这些是多数经济快速发展的新兴经济体普遍存在的问题。

3.1.5 保障能源安全核电迎来发展机遇

受国际能源危机影响，多国将支持核电发展作为保障能源安全推动能源转型的重要举措。福岛核事故后全球出现"弃核潮"，但近两年的国际能源危机使许多国家将能源安全作为政策优先项。由于核电的相对清洁性，许多国家陆续出台政策支持核电发展。欧盟委员会于 2022 年提案将核电纳入可持续投资的"过渡"能源，为欧盟范围内核电建设融资扫清了障碍。2023 年 4 月，欧洲最大核电机组——芬兰奥尔基卢奥托岛核电站 3 号反应堆正式投入运营，这是芬兰自 20 世纪 80 年代以来首次新建的核电机组，距离欧洲上一个建成投运的核电机组也已过去 16 年。英国制定了到 2050 年核电装机容量扩张至 2400 万千瓦、发电占比达到 25% 的目标。日本政府也表示重启核电项目，并通过电力行业修正法案，允许核电站超期服役。韩国政府提出，到 2030 年将国内核电发电比例提升至 30% 以上，并以核电产业优势为基础，积极开拓国际核能市场。

仍有许多国家是坚定的"弃核派"，但这主要源于其能源资源禀赋、能源结构及经济发展程度的"底气"。强烈反对核电的国家，几乎没有核电装机或核电占比较低，且相关国家的可再生能源发电占比通常较高、增速较快。德国核电占比仅略高于 10%，可再生能源占比超过 40%，可再生能源的快速发展为德国弃核提供了有利条件。核电相对气电、风电、太阳能发电的成本更低，弃核意味着要承受更高的电力发展成本。德国以及丹麦、卢森堡等反对核电的国家，其人均 GDP 均位于欧盟前列，对电力成本的敏感性较低，为应对气候变化、实现能源转型可承担相对较高的电力成本。

3.1.6 相关对策建议

复杂外部环境下，我国要更加专注国内能源高质量发展，加快能源转型步伐，形成新的能源进口格局，发挥世界能源大国作用，维护国际能源市场的安全稳定。

一是加快新能源产业发展，加强国际新能源领域合作。在国际能源市场动荡调整过程中，我国要加快构建完整的新能源产业体系，以保障能源供给的相对独立，降低我国能源对外依赖度，同时带动我国工业体系在全面转型升级过程中获得更强大的产业竞争力。当前国际能源形势下，我国与美欧在新能源领域存在较多共同利益，应积极寻求与美欧在新能源领域的合作点，尽快推动形成新的合作框架。

二是加快构建自主可控的油气供应体系，形成多元化油气进口新格局。我国正处在工业化后期向现代化跨越的关键发展阶段，油气需求总量或将进一步攀升。在中美博弈加剧、俄欧合作减弱、中俄互相靠拢的背景下，我国亟须加快构建"海陆并举、常非并重"的国内油气勘探开发新格局、构建以中东—中亚—俄罗斯带为中心的多元化油气进口格局，高质量保障实体经济对油气消费增长的刚性需求。

三是发挥世界能源大国作用，维护全球能源市场稳定和共同安全。当前国际能源市场正处在调整期，贸易逆流、价格波动、区域短缺现象频现，我国作为世界能源大国，应树立人类命运共同体理念，在努力推动本国能源清洁低碳发展的同时，积极参与全球能源治理，加强能源领域国际交流合作，畅通能源国际贸易、促进能源投资便利化，共同构建能源国际合作新格局，维护全球能源市场稳定和共同安全。

（本节撰写人：毛吉康、苗中泉、菅泳仿　审核人：段金辉）

3.2 全球及我国气候变化：历史、现状及未来

近百年来，受人类活动和自然因素的共同影响，世界正经历着以全球变暖为显著特征的气候变化且加速演进，气候系统更加不稳定，极端天气气候事件呈现频发、强发、广发特征，气候变化已成为 21 世纪人类生存和发展面临的重大挑战。

3.2.1 全球及我国气候变化历程回顾

（一）工业革命以来全球气候变化情况

全球气候逐渐变暖，降水明显增加。 从气温看，全球大气、海洋、冰冻圈等各个圈层都在变暖，过去几十年来程度不断加强。最近十年（2011—2020 年），全球平均温度相比工业化前升高了 1.09℃，且陆地增幅（1.59℃）要高于海洋增幅（0.88℃）。至 2021 年，全球平均温度较工业化前水平高出 1.11℃。从降水看，1950 年以来，全球陆地降水明显增加，且在 20 世纪 80 年代后加速。全球海平面持续升高，特别是 20 世纪以来增速较快，已升高 0.20 米，目前北极海冰覆盖度水平是工业革命以来最低。

气候变化导致全球极端天气气候事件增加。 20 世纪中叶以来，全球极端高温事件频率增加、强度增强，极端低温事件减少；北美、欧洲、亚洲等地强降水事件的频率和强度都在增加；南美洲东部以及非洲、地中海等地的农业和生态干旱加剧；热带气旋降水量和降水强度增加；强热带气旋比例和热带气旋最大风速增加。欧亚北部、欧洲、澳大利亚东南部、美国、印度和我国西北部等地区高温干旱加剧，野火、复合洪水等复合极端事件发生频率也不断增加（高信度）。

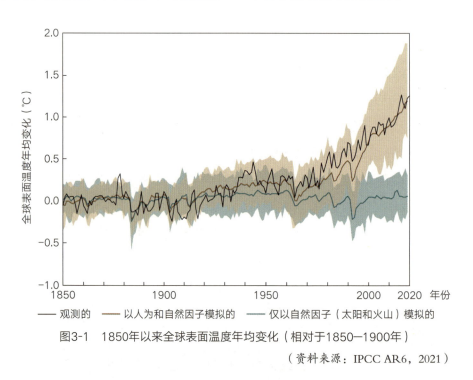

图3-1　1850年以来全球表面温度年均变化（相对于1850—1900年）

（资料来源：IPCC AR6，2021）

观测到的极端热事件
变化类型

■ 增加（41）
■ 减少（0）
▨ 变化类型一致性低（2）
▨ 数据和/或文献有限（2）

观测变化中
人为贡献的信度

●●● 高
●● 中等
● 低，因一致性有限
○ 低，因证据有限

自20世纪50年代以来观测到的变化类型

观测到的各区域极端热事件变化以及人为贡献信度的综合评估

观测到的强降水
变化类型

■ 增加（19）
■ 减少（0）
▨ 变化类型一致性低（8）
▨ 数据和/或文献有限（18）

观测变化中
人为贡献的信度

●●● 高
●● 中等
● 低，因一致性有限
○ 低，因证据有限

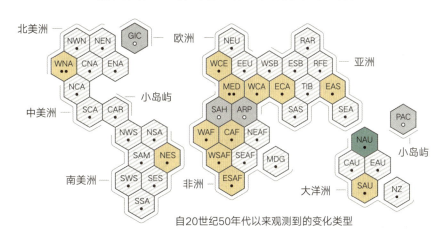

自20世纪50年代以来观测到的变化类型

观测到的各区域强降水变化以及人为贡献信度的综合评估

观测到的农业和生态干旱
变化类型

■ 增加（12）
■ 减少（1）
▨ 变化类型一致性低（28）
▨ 数据和/或文献有限（4）

观测变化中
人为贡献的信度

●●● 高
●● 中等
● 低，因一致性有限
○ 低，因证据有限

自20世纪50年代以来观测到的变化类型

观测到的各区域农业和生态干旱变化以及人为贡献信度的综合评估

每个六角形对应IPCC
AR6 WGI的一个参照地区

⬡ NWN 北美洲
西北部

IPCC AR6 WGI 参照地区：北美洲：NWN（北美洲西北部）、NEN（北美洲东北部）、WNA（北美洲西部）、CNA（北美洲中部）、ENA（北美洲东部），中美洲：NCA（中美洲北部）、SCA（中美洲南部）、CAR（加勒比地区），南美洲：NWS（南美洲西北部）、NSA（南美洲北部）、NES（南美洲东北部）、SAM（南美洲季风区）、SWS（南美洲西南部）、SES（南美洲东南部）、SSA（南美洲南部），欧洲：GIC（格陵兰/冰岛）、NEU（北欧）、WCE（西欧和中欧）、EEU（东欧）、MED（地中海），非洲：MED（地中海）、SAH（撒哈拉）、WAF（非洲西部）、CAF（非洲中部）、NEAF（非洲东北部）、WSAF（非洲西南部）、SEAF（非洲东南部）、ESAF（非洲东南部）、MDG（马达加斯加），亚洲：RAR（俄罗斯北极地区）、WSB（西西伯利亚）、ESB（东西伯利亚）、RFE（俄罗斯远东）、WCA（亚洲中西部）、ECA（亚洲中东部）、TIB（青藏高原）、EAS（东亚）、ARP（阿拉伯半岛）、SAS（南亚）、SEA（东南亚），大洋洲：NAU（澳大利亚北部）、CAU（澳大利亚中部）、EAU（澳大利亚东部）、SAU（澳大利亚南部）、NZ（新西兰），小岛屿：CAR（加勒比地区）、PAC（太平洋小岛屿）

图3-2 观测到的全球不同区域极端高温、强降水和农业生态干旱变化

（资料来源：IPCC AR6，2021）

（二）我国气候变化历程

在全球气候变暖背景下，近百年来我国近地面气温呈显著上升趋势。 据估算，1900 年以来我国平均气温上升趋势为 1.56±0.20℃/100 年，明显大于全球大陆平均趋势（1.0℃/100 年）。从全球气候变化的格局来看，近百年变暖最剧烈的区域之一位于西伯利亚－蒙古国一带（2℃/100 年以上），而从西风环流特别是冬季寒潮路径来看，我国大陆特别是北方正处于该变暖核心区的下游。因而，我国气候变暖程度大于全球平均水平是合理的。事实上，我国东北和西北部分站点的百年增暖趋势已达 3℃/100 年以上。

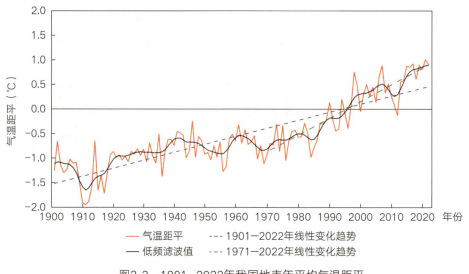

图3-3　1901－2022年我国地表年平均气温距平

（资料来源：《中国气候变化蓝皮书 2023》）

值得注意的是，我国一些区域 1998 年以来的 20 年中气温变化趋势略有上升（统计不显著），但夏季最高温上升较快，冬季最低温有所下降，季节性有所增强，与过去更多年代的气候变化趋势不一致。这是年代际气候变化还是更长期的气候变化趋势，有待于更多观测分析来解答。

20 世纪 60 年代以来我国年降水量总体呈增加趋势，但存在较大波动。 1961 年以来，我国年降水量总体呈增加趋势，约为 4.2 毫米 /10 年，平均年降水量的常年值（1981－2010 年）为 630毫米。年降水量具有较大的年际波动：1998 年达历史最高，超过常年值所代表的历史平均水平 80毫米；2012 年以来各年降水量均大于历史平均水平。从降水变化趋势的空间格局来看，我国东北、西北、西藏大部和东南部年降水量呈现较强的增加趋势；而东北南部和华北部分地区到西南一带的年降水量呈现减少趋势。我国百年尺度的降水观测序列较少，长期变化趋势有待于发掘更多可靠的观测证据来论证。

3.2.2　近两年全球及我国气候现状特点

（一）全球气候变化特征

2022 年全球平均气温比 1850－1900 年工业化前的均值高出了 1.15℃。 2015－2022 年是 173 年仪器记录中最暖的八年，尽管拉尼娜条件持续存在，但2022年仍是有记录以来第五或第六最暖年份。在陆地区域，西欧、地中海西部、中亚和东亚部分地区以及新西兰都报告了创纪录的年度高温。在海洋上，创纪录的温暖延伸到了北太平洋和南太平洋的广大地区，以及南大洋的一些地区。

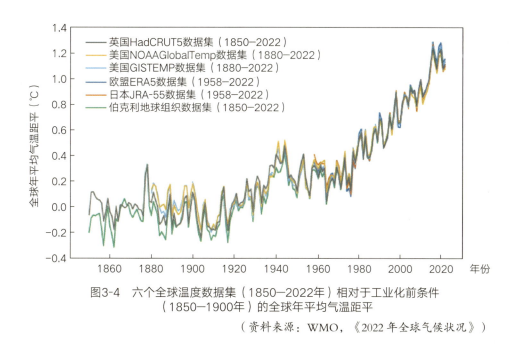

图3-4 六个全球温度数据集（1850—2022年）相对于工业化前条件（1850—1900年）的全球年平均气温距平

（资料来源：WMO，《2022年全球气候状况》）

2022年全球年平均降水量较常年偏多，但空间分布差异大。其中，东北亚、印度西部夏季季风区、东南亚、海洋大陆、南美北部地区、北美和加勒比海部分地区、萨赫勒地区东部、南部非洲部分地区、苏丹、东欧、新西兰和澳大利亚的降水总量高于长期（1951—2000年）平均水平。由于印度季风开始的时间比正常情况下要早，结束的时间则晚，印度次大陆的大部分地区比平均水平湿润，季风向西延伸到巴基斯坦，使得那里出现了大范围的洪水。

高温、干旱、野火事件与洪水、暴雨等极端天气频发。2022年，全球极端气候事件频发。我国发生了自有国家记录以来范围最广、持续时间最长的热浪，东亚其他地区、欧洲等地均出现了极端高温天气。欧洲和地中海的许多地区、西南亚部分地区、大非洲之角地区、北美西半部大部分地区发生

了严重的干旱，多地河流水位降至创纪录低点。法国西南部、美国等地野火季节过火面积及严重程度超出常年水平。此外，巴基斯坦、印度等地在季风季经历了严重的洪水，澳大利亚东部、巴西部分地区、萨赫勒地区多次发生洪灾。

（二）我国气候变化特征

2022年我国气候状况总体偏差，暖干气候特征明显，旱涝灾害突出。2022年，全国平均气温为历史次高，降水量为2012年以来最少。区域性和阶段性干旱明显，南方夏秋连旱影响重；暴雨过程频繁，华南、东北雨涝灾害重；登陆台风异常偏少，首个登陆台风"暹芭"强度强，台风"梅花"四次登陆，强度大、影响范围广；夏季我国中东部出现1961年以来最强高温过程，南方"秋老虎"天气明显；寒潮过程明显偏多，2月南方出现持续低温阴雨雪和寡照天气，11月末至12月初强寒

潮导致多地剧烈降温。

2023 年我国气候总体雨少温高，部分地区出现"旱涝急转"。 2023 年，全国平均气温 10.7℃，较常年（9.9℃）偏高 0.8℃，为 1961 年以来最高。2023 年，全国平均降水量 615.0 毫米，较常年偏少 3.9%。2023 年夏季，全国平均气温为 1961 年以来历史同期第二高，华北、西北出现高温干旱复合事件；主要多雨区出现在东北和华北等地；暴雨频繁，华北、东北等地强降水引发严重洪涝灾害，出现明显"旱涝急转"。此外，台风生成和登陆个数少，但破坏力强，"杜苏芮"导致严重洪涝灾害，气象灾害多点散发、致灾性强。

图3-5 全国平均气温历年变化（1961—2023年）

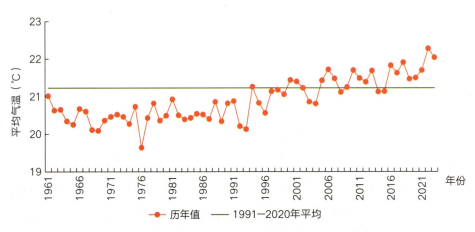

图3-6 夏季全国平均气温历年变化（1961—2023年）

预计 2023 年 12 月至 2024 年 2 月冬季，全国大部地区气温接近常年同期或偏高；南方大部降水偏多。 气温阶段性特征明显，前冬（2023 年 12 月），影响我国的冷空气强度较弱，全国大部分地区气温较常年同期偏高；后冬（2024 年 1 月至 2 月），冷空气活动趋于活跃。北方和青藏高原地区存在低温冻害、白灾风险，南方地区阶段性低温雨雪冰冻风险较高，虽然出现类似 2008 年 1 月上旬末至 2 月初的南方持续时间长、影响范围广的低温雨雪冰冻灾害可能性较小，但也需做好冰冻雨雪灾害防范应对措施。

3.2.3 全球及我国气候变化展望

（一）全球气候变化展望

1. 全球平均气候变化的预估

从气温看，与 1995—2014 年相比，到 21 世纪前期和中期，在非常低（SSP1-1.9）、低（SSP1-2.6）、中（SSP2-4.5）、高（SSP3-7.0）和非常高（SSP5-8.5）五种温室气体排放情景

下，全球年平均气温将分别上升约 0.6℃/0.6℃/0.7℃/0.7℃/0.8℃、0.7℃/0.9℃/1.1℃/1.3℃/1.5℃。其中，中高纬地区，包括北美洲、欧洲和中北亚及我国在内的地区升温幅度更为显著。21 世纪末期，全球平均气温很可能在非常低排放情景中升高 0.2~1.0℃，在非常高排放情景中升高 2.4~4.8℃。

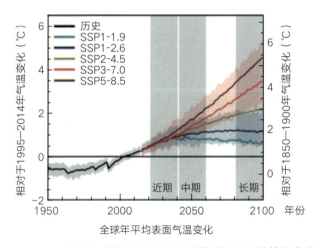
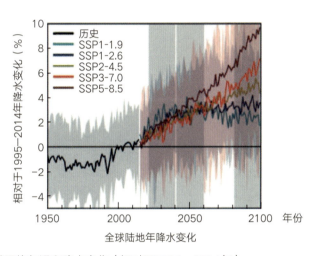

图3-7　基于CMIP6不同排放情景下预估的未来全球平均气温和降水变化（相对于1995—2014年）

（资料来源：IPCC AR6，2021）

从降水看，在 21 世纪近期和中期，不同排放情景间全球陆地降水增幅的差异较小，增加范围普遍在 1.2%~2.4%、2.6%~4.0% 之间，陆地的降水增加幅度要高于海洋或者全球平均。区域尺度上降水量变化幅度要大于降水本身内部变率，就全球不同地区降水变化的差异来看，非洲的降水增幅最大；北美洲、欧洲和中北亚和我国也呈现出明显的增加趋势；而南美洲北部减少，南部增加；南亚及大洋洲地区以增加为主。21 世纪末期，全球陆地年平均降水量在非常低排放情景下将增加 -0.2%~4.7%，在非常高排放情景下将增加 0.9%~12.9%。

2. 全球极端气候变化的预估

随着全球变暖加剧，极端天气事件的频率和强度日益增加，给人类社会和生态系统带来严重的影响。极端天气导致作物减产甚至绝收，影响粮食安全和价格稳定；极端事件造成基础设施损害，如道路、桥梁和电网等受损，给城市运行和人类生活带来困扰；热浪可能导致高温中暑，洪水可能引发疫情、饮用水污染等问题；造成的经济损失包括财产损失、生产力下降以及抢险救灾的成本加大等。

（二）我国气候变化展望

1. 我国平均气候变化的预估

全球模式多情景预估试验均显示，在全球变暖

背景下，我国未来气候变化整体上存在变暖变湿趋势，但在不同区域存在较大的差异，我国区域平均气候变化幅度大于全球平均。

气温方面，与1986－2005年相比，在低（RCP2.6）、中（RCP4.5）和高（RCP8.5）三种温室气体排放情景下，到21世纪前期、中期和末期，我国年平均气温将分别上升约1.02℃/1.0℃/1.2℃、1.45℃/2.07℃/2.84℃和1.39℃/2.59℃/5.14℃，升温速率明显高于全球平均水平，冬半年升温速率总体大于夏半年，升温显著区域主要在青藏高原和我国东北地区。

降水方面，21世纪，我国降水变化均呈显著增加趋势。与1986－2005年相比，在三种情景下，21世纪前期、中期和末期我国年平均降水将分别增加约3%/2%/2%、5%/6%/7%和5%/9%/13%，平均降水变化的空间结构表现为北方相对变湿，而南方相对变干，青藏高原区域变湿更为明显。

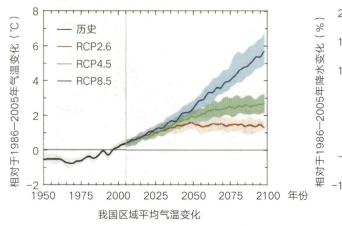

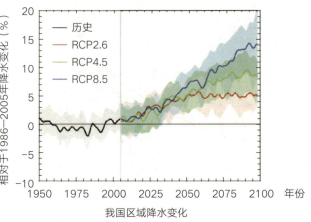

图3-8 低、中和高温室气体排放情景下，21世纪我国区域平均温度和降水变化时间序列（相对于1986－2005年）

（资料来源：《第四次气候变化国家评估报告》）

2. 我国极端气候变化的预估

与气候平均态相比，极端气候事件对全球增温的响应更加敏感，极端气候事件频率和强度的变化对区域环境和经济社会的影响更大。因此，预估全球变暖背景下我国区域极端气候的变化，对于减灾防灾，制定适应气候变化相关政策具有重要的科学意义。

未来我国极端高温事件将增加，极端低温事件将减少。与历史时期（1986－2005年）相比，在低、中和高温室气体排放情景下，21世纪前期我国区域平均极端最高温度升高1~1.2℃，中期升高1.7~2.8℃，末期升高1.7~5.3℃，其中华东和新疆西部盆地增幅最大。在三种温室气体排放情景下，未来我国区域平均高温热浪发生天数在21世纪前期、中期和后期将分别增加4~6天、7~15天和7~31天。同时，未来整个我国地区50年一遇极端高温事件将增加，极端低温事件将减少，尤其在高排放情景下，目前50年一遇的极端高温事件在21世纪末将变为1~2年一遇，极端冷事件将逐渐消失。

未来我国极端降水增加的幅度大于平均降水，且变率增强，降水更趋于极端化。在高排放情景下，我国平均极端降水在2016－2035年将从目前的50年一遇变为20年一遇，到21世纪末在低、中和高三种温室气体排放情景下将分别变为 17 年一遇、13 年一遇和 7 年一遇。从空间分布来看，相对于 1986—2005 年，在中排放情景下，21 世纪中期极端降水贡献率在西北地区有较大可能增加 5%，到末期，西北、西南以及黄淮流域都有可能增加 10% 以上。从季节来看，在高排放情景下，相对于 1986—2005 年，21 世纪末期，北方冬季极端降水量（年最大降水量）增加比夏季更显著，冬季为 53%，夏季则为 27%，但是我国南部则相反，表现为夏季增加的幅度大于冬季。

3.2.4 我国应对气候变化的对策建议

气候变暖对人类当代及未来生存发展造成严重威胁和挑战，采取积极措施应对气候变化已成为全球共识，我国应与世界各国一道，团结合作、共同应对全球气候变化，积极推动能源绿色低碳转型。

一是加大力度控制化石能源消费，支撑"双碳"目标实现。 统筹谋划碳达峰路线图和时间表，科学设定碳排放峰值水平，科学制定碳排放增量目标及分解落实机制，引导各地区、重点领域及行业提出符合实际、切实可行的目标任务，创造条件推动清洁能源提速发展，控制化石能源消费，有序推动"碳达峰、碳中和"工作及目标实现。

二是强化气候变化影响和风险评估，着力提高气候适应能力。 一方面，指导地方政府联合气象部门编制适应气候变化行动方案，推动地方开展适应气候变化行动。另一方面，进一步深化气候适应型城市建设试点，探索新的机制和模式，不断提升城市气候韧性。此外，强化气候敏感脆弱领域和区域适应气候变化行动力度，提升重点领域和重大战略区域适应气候变化水平。

三是持续加强应对气候变化国际合作，支持发展中国家提升应对气候变化能力。 一方面，通过技术交流、项目对接等方式，同相关国家在可再生能源开发利用、低碳城市示范等领域开展更加广泛而持续的双多边合作。另一方面，深化气候变化领域"南南合作"，支持其他发展中国家能源清洁低碳发展，共同应对全球气候变化。

（本节撰写人：王阳、叶殿秀、石英、段金辉　审核人：袁佳双）

附 录

附录 A　模型介绍

全球能源供需预测模型（GEMS-4E）简介

国网能源院自主开发了涵盖"经济–能源–电力–环境"4E 因素的全球能源供需预测模型（Global Energy Modelling System，简称 GEMS-4E），开展面向中长期的分品种、分部门、分地区能源供需展望。2020 年，参考全球变化评估模型（GCAM）思路再造 GEMS-4E 模型，主要是细化终端能源服务需求刻画、引入用能技术优化选择机制、加强成本价格考量和能源市场模拟。

（一）建模思路

GEMS-4E 主要采用"自下而上"的方法量化技术进步、效率提升、能源政策、能源价格等因素对能源需求的影响，通过基于生产工艺的模拟算法刻画煤炭、石油和天然气的加工转换过程，通过基于成本价格的优化算法选择满足终端服务需求的能源品种和满足电力电量需求的电源品种。

（二）功能模块

GEMS-4E 主要包括能源服务需求、终端能源需求、一次能源需求、一次能源供应等四个模块及利用效率、加工转换、开发贸易等三个环节。

● **能源服务需求模块**通过产量、产值、周转量、建筑面积、电器拥有量等指标对能源服务需求进行预测。

● **利用效率环节**通过产品能耗、产值能耗、周转能耗、单位面积能耗等指标连接能源服务需求模块与终端能源需求模块。

● **终端能源需求模块**以能源价格为驱动，以能源品种占比为途径实现从终端能源需求分部门结构到终端能源需求分品种结构的预测。

● **加工转换环节**包括炼焦、炼油、制气、发电、供热等，以效率为纽带连接终端能源需求模块与一次能源需求模块。

● **开发贸易环节**连接了**一次能源需求模块**与**一次能源供应模块**，主要是通过煤油气的本地生产与国际贸易实现全球化石能源的供需平衡。

（三）参数指标

GEMS-4E 的输入参数包括社会发展、经济增长、技术进步、能源政策、能源价格等，输出结果包括分品种、分部门、分地区能源供需、碳排放等。

在能源品种方面，GEMS-4E 考虑的一次能源种类包括煤炭、石油、天然气、水能、核能、非水可再生能源及其他，其中非水可再生能源及其他包括传统生物质能（含非市场交易）。终端能源种类包括煤炭、石油、天然气、电力、热力及其他。发电技术包括燃煤、燃油、燃气、水电、核电、风电、太阳能发电、生物质发电及其他，发电量统计采用全口径，用电量不包含输配损耗。

在行业分类方面，GEMS-4E 考虑了工业、交通、居民生活、商业、其他、非能利用等部门，其中工业细分黑色金属、化工、有色金属、建材、机械、食品及烟草、造纸及印刷、纺织及皮革、其他等行业，工业运输能耗计入交通部门；交通细分公

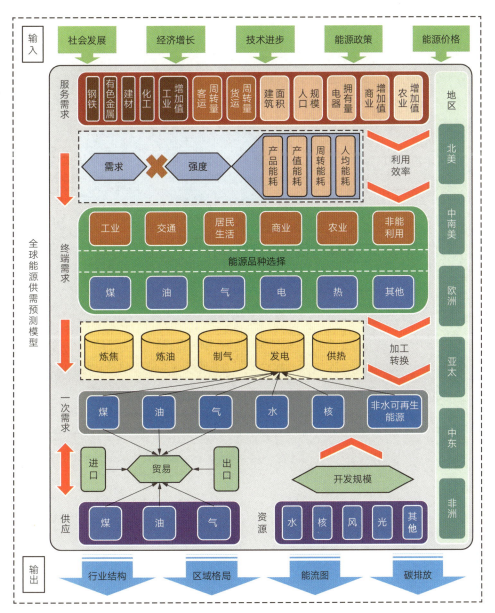

图 A-1　全球能源供需预测模型（GEMS-4E）框架

路、铁路、航空、航运及其他等方式；居民生活与商业可合称为建筑；其他包括农业、林业、渔业等；非能利用是被用作原材料的化石能源，而非作为燃料直接消耗或加工转换为另一种燃料。

在地区划分方面，GEMS-4E 将全球划分为北美、中南美、欧洲、亚太、中东、非洲等 6 个大区（具体国家详见附录 B），并对美国、巴西、英国、法国、德国、俄罗斯、中国、印度、日本、韩国、南非等 11 个重点国家进行深度研究。

在碳排放方面，GEMS-4E 根据化石燃料的消费量和排放因子计算能源相关碳排放。参考联合国政府间气候变化专门委员会（IPCC）制定的 2006版国家温室气体排放清单指南，煤炭、石油、天然气的二氧化碳排放系数分别取 2.77、2.15、1.64 吨 / 吨标准煤，不计非能利用及其他领域的碳排放。

表 A-1　能源转换系数表

从	到				
	100万吨煤当量 （1 Mtce）	100万吨油当量 （1 Mtoe）	100万桶油当量 （1 Mboe）	10亿米³天然气 （1 Bm³NG）	100万千瓦·时 （1 GW·h）
	乘以				
100 万吨煤当量 （1 Mtce）	1	0.7	4.7894	0.8141	8141
100 万吨油当量 （1 Mtoe）	1.4286	1	6.842	1.163	11630
100 万桶油当量 （1 Mboe）	0.2086	0.1462	1	0.17	1700
10 亿米³ 天然气 （1 Bm³NG）	1.228	0.86	5.882	1	10000
100 万千瓦·时 （1 GW·h）	1.228×10^{-4}	8.6×10^{-5}	5.882×10^{-4}	1.0×10^{-4}	1

表 B-1　地区划分

区域	国家/地区❶
北美	美国、加拿大、墨西哥
中南美	阿根廷、玻利维亚、委内瑞拉、巴西、智利、哥伦比亚、哥斯达黎加、古巴、库拉索岛、多米尼加共和国、厄瓜多尔、萨尔瓦多、危地马拉、海地、洪都拉斯、牙买加、尼加拉瓜、巴拿马、巴拉圭、秘鲁、苏里南、特立尼达和多巴哥岛、乌拉圭； ❷安提瓜和巴布达、阿鲁巴、巴哈马、巴巴多斯、伯利兹、百慕大群岛、博内尔岛、英属维京群岛、开曼群岛、多米尼加、马尔维纳斯群岛（福克兰群岛）、法属圭亚那、格林纳达、瓜德罗普岛、圭亚那、马提尼克、蒙特塞拉特岛、沙巴、圣尤斯特歇斯岛、圣基茨和尼维斯、圣卢西亚、圣文森特和格林纳丁斯群岛、荷属圣马丁岛、特克斯和凯科斯群岛
欧洲	❸奥地利、比利时、保加利亚、克罗地亚、塞浦路斯、捷克、丹麦、爱沙尼亚、芬兰、法国、德国、希腊、匈牙利、爱尔兰、意大利、拉脱维亚、立陶宛、卢森堡、马耳他、荷兰、波兰、葡萄牙、罗马尼亚、斯洛伐克、斯洛文尼亚、西班牙、瑞典、英国、阿尔巴尼亚、白俄罗斯、波斯尼亚和黑塞哥维那、直布罗陀、冰岛、科索沃、黑山、挪威、塞尔维亚、瑞士、北马其顿、摩尔多瓦、土耳其、乌克兰、俄罗斯、亚美尼亚、阿塞拜疆、格鲁吉亚、哈萨克斯坦、吉尔吉斯斯坦、塔吉克斯坦、土库曼斯坦、乌兹别克斯坦
亚太	澳大利亚、日本、韩国、新西兰、中国、印度、文莱、柬埔寨、印尼、老挝、马来西亚、缅甸、菲律宾、新加坡、泰国、越南；孟加拉国、朝鲜、蒙古国、尼泊尔、巴基斯坦、斯里兰卡； ❷阿富汗、不丹、库克群岛、斐济、法属波利尼西亚、基里巴斯、马尔代夫、新喀里多尼亚、帕劳群岛、巴布亚新几内亚、萨摩亚、所罗门群岛、东帝汶、汤加、瓦努阿图
中东	巴林、伊朗、伊拉克、约旦、科威特、黎巴嫩、阿曼、卡塔尔、沙特阿拉伯、叙利亚、阿联酋、也门、以色列
非洲	阿尔及利亚、埃及、利比亚、摩洛哥、突尼斯、安哥拉、贝宁、博茨瓦纳、喀麦隆、刚果（金）、科特迪瓦、刚果（布）、厄立特里亚、埃塞俄比亚、加蓬、加纳、肯尼亚、毛里求斯、莫桑比克、纳米比亚、尼日尔、尼日利亚、塞内加尔、南非、南苏丹、苏丹、坦桑尼亚、多哥、赞比亚、津巴布韦； ❷布基纳法索、布隆迪、佛得角、中非、乍得、科摩罗、吉布提、赤道几内亚、冈比亚、几内亚、几内亚比绍、莱索托、利比里亚、马达加斯加、马拉维、马里、毛里塔尼亚、留尼汪岛、卢旺达、圣多美和普林西比、塞舌尔、塞拉利昂、索马里、斯威士兰、乌干达、西撒哈拉

❶ 经济合作与发展组织（OECD）包括 38 个成员国，为美国、英国、法国、德国、意大利、加拿大、爱尔兰、荷兰、比利时、卢森堡、奥地利、瑞士、挪威、冰岛、丹麦、瑞典、西班牙、葡萄牙、希腊、土耳其、日本、芬兰、澳大利亚、新西兰、墨西哥、捷克、匈牙利、波兰、韩国、斯洛伐克、智利、斯洛文尼亚、爱沙尼亚、以色列、拉脱维亚、立陶宛、哥伦比亚、哥斯达黎加。

❷ 中南美、亚太、非洲中，一些国家和地区无法获得能源相关数据，进行了估算或忽略。

❸ 欧盟包括 27 个成员国，为奥地利、比利时、保加利亚、塞浦路斯、克罗地亚、捷克、丹麦、爱沙尼亚、芬兰、法国、德国、希腊、匈牙利、爱尔兰、意大利、拉脱维亚、立陶宛、卢森堡、马耳他、荷兰、波兰、葡萄牙、罗马尼亚、斯洛伐克、斯洛文尼亚、西班牙、瑞典。

参考文献

［1］ Friedlingstein P, O'Sullivan M, Jones M W, et al. Global Carbon Budget 2023[J]. Earth System Science Data.

［2］ 杨继国，张天力.COP28峰会：国际社会共同应对全球气候变化 [J].中国应急管理，2023(12):36-39.

［3］ 于琳娜.德国为节省天然气重启煤电 [N].中国电力报,2023-10-11(004). DOI:10.28061/ n.cnki.ncdlb.2023.001217.

［4］ 工业和信息化部，国家发展改革委，生态环境部.关于促进钢铁工业高质量发展的指导意见：工信部联原〔2022〕6号 [EB/OL]. (2022-01-20).https://www.gov.cn/zhengce/zhengceku/2022-02/08/content_5672513.htm.

［5］ 马睿.巴西盐下油田将成未来产量新增长极 [N].中国石油报,2021-08-24(008). DOI:10.28716/n.cnki.nshyo.2021.002605.

［6］ 李丽旻.多国水电"枯水"引发连锁反应 [N].中国能源报,2021-08-23(006). DOI:10.28693/n.cnki.nshca.2021.001942.

［7］ 程是颉，冷江涛，李源欣，等.创纪录热浪考验亚洲多国电力 [N].环球时报,2023-06-26(011).DOI:10.28378/n.cnki.nhqsb.2023.004326.

［8］ 王丛林，柴晓明，杨博，等.先进核能技术发展及展望 [J].核动力工程,2023,44(05):1-5. DOI:10.13832/j.jnpe.2023.05.0001.

致 谢

《全球能源分析与展望 2023》在编写过程中，得到了业内一些专家和同仁的大力支持，包括给我们提出了不少中肯的批评意见，研究团队心生感激，也暗下决心，今后一定用"更好的报告"回馈诸位的厚爱。

这里，特别感谢以下专家对本报告的框架结构、内容观点提出宝贵建议，对部分基础数据审核把关（按姓氏笔画排序）：

安丰全　　国家能源局

向征艰　　中国石油集团经济技术研究院

杨　方　　全球能源互联网发展合作组织

张　川　　北京大学能源研究院

陈文颖　　清华大学

林益楷　　中国海洋石油集团

郑　平　　北京大学能源研究院

郝向斌　　中国煤炭工业协会

洪　涛　　国务院发展研究中心

高　虎　　国家发展改革委宏观经济研究院

郭建斌　　中国农业大学

涂建军　　博众智合能源转型论坛